［第5版］

逆転の競争戦略

リーダー企業の
「**強み**」を「**弱み**」
に変える

早稲田大学ビジネススクール教授
山田英夫

生産性出版

はじめに

米国で『ウイナー・テイク・オール』（フランク＆クック）という本が出版され、企業事例としても、古くはコカ・コーラやボーイング、最近ではGAFAなどが一強として世界を制覇しても、米国内から批判の声はほとんど聞かれなかった。

一方、日本には、「判官贔屓《はんがんびいき》」という言葉や、「驕《おご》る平家は久しからず」という一節もあり、「一人勝ち」が長く続くことをよしとしない風土があるようだ。日本人の国民性として、弱い者が強い者を倒すことを期待する風潮があるのかもしれない。

しかし現実問題として、2位以下の企業が1位企業を逆転することは容易ではない。ただ一所懸命リーダーを攻撃するだけでは、保有する経営資源の差から1位企業を倒すことはむずかしい。そこでは、「一所懸命」を越えた「逆転の知恵」が必要になってくる。

本書は2位以下の企業、もしくは異業種から参入しようと考えている企業にとって、リーダー企業が追随できない、追随しにくい戦略を示すことを目的としている。追随したくても、ジレンマのために追随できない状態に追い込む戦略は、リーダー企業の強みを、そのまま弱みにしてしまう劇的な効果を持っている。リーダー企業のわずかな弱みを突くのではなく、リーダー企業の強みを弱みに転化できれば、競争構造は一変し、リーダー企業をその地位から転落させていくこともできる。

さらに言えば、競争がほとんどないシェアの固定化した業界は、組織の保守化を招き、業界を破壊するような競争業者に一蹴される危険をはらんでいる。リーダー企業へのあくなき挑戦は、チャレンジャー企業の企業文化や経営姿勢を「防衛」から「革新」に向かわせる原動力になる。業界破壊者、侵入者、挑戦者が常にリーダー企業を脅かし、その座を奪い、それをまた新たな競争業者が攻撃していく構図こそが、環境変化に対応できる企業を生み出す。これこそが、『逆転の競争戦略』の目指すところである。

＊　＊　＊

本書は、1990年に前身の本を上梓して以来、5回目の改訂版にあたる。税法や会社法などの本では、法律改訂にともない版を重ねるケースは多いが、日本のビジネス書で第5版まで改訂された本は珍しい。版を重ねられたことに対し、まずは読者のみなさまに感謝したい。

本書の初版を上梓して以降、強みが弱みに転化する本が海外でも話題を集めた。『イノベーションのジレンマ』（クリステンセン）、『両利きの経営』（オライリー&タッシュマン）のようなベストセラーも生まれ、資源を持つ企業がそれゆえに転換していくことのむずかしさが指摘されてきた。

今回の改訂では、このような理論的進展も加え、事例の半分近くを差し替えた。なお本書では、誰にでもわかりやすい最新の事例と、古典的・典型的な事例を混ぜて紹介した。新たな事例を検索していく過程で、『逆転の競争戦略』の考え方が、時代を超えて有効であることを改めて痛感した次第である。

読者の方々にも本書で示した戦略を実践してもらい、リーダー企業を逆転した事例の一つとして、次回の改訂時には、取材にうかがえることを切に願っている。

２０２０年７月

山田英夫

第2章

なぜ、リーダー企業が転落するのか

第3章 業界破壊者の戦略

第4章 侵入者の戦略

4 業界の常識を変えた侵入者――172

6 事業の共喰化 —— 269

第6章 リーダー企業の対応策

第1章

リーダー企業の強みは永遠か

1 エクセレント・カンパニーの強みが弱みに

かつてマッキンゼーのコンサルタントが書いた『エクセレント・カンパニー』（ピーターズ&ウォータマン　1982）がベストセラーになった後、日本でもいくつかの企業がエクセレント・カンパニーとして、雑誌などにとりあげられた。たとえば、1984年1月から1985年6月まで、野中郁次郎一橋大教授（当時）らが中央公論社『Will』に連載した「日本のエクセレント企業」には、以下のような企業が掲載された（掲載順）(1)。

日本電気、西武流通グループ、シャープ、東レ、花王、住友電工、セイコー・グループ、本田技研、立石電機、富士通、キヤノン、京セラ、松下電器、トヨタ自動車、味の素、旭硝子、小松製作所、新日本製鉄

しかし、ここにとりあげられた企業が、その後も優位性を発揮しているかというと、必ずしもそうではない。トップから転落したり、当時の輝きを失っている企業も少なくない。

その後、クリステンセンが著した『イノベーションのジレンマ』（1997）において、そ

れまでトップを走っていた企業が、その強さゆえに転落していく事例が紹介された。現実の社会でも、米国のコダック、タワーレコード、ブロックバスター、トイザらス、日本の日本航空など、トップ企業の倒産は枚挙にいとまがない。

それでは、現在もトップに君臨する企業は、永遠にリーダーの地位を守れるのだろうか。以下ではそうした事例をいくつか紹介していこう。

●セブン銀行の強みは永遠か

銀行業界の常識を、流通業のセブン&アイ・ホールディングスが打ち破った。「個人から預金を集め、それを法人に融資して利益を上げる」のが銀行であり、「預金集めに力を入れず、融資業務を行わない銀行が成功するわけがない」と、銀行業界ではささやかれていた。しかし、2001年にセブン&アイ・ホールディングスが設立したセブン銀行は、設立3年で黒字となった（日本の銀行の場合、設立3年で単年度黒字になるように金融庁から指導されている）。現在では、「コンビニATM」のリーダー企業と言える。

セブン銀行は、有人店舗を一切持たず、セブン－イレブンなどに置いたATMの利用料が主な収益源である。提携する銀行のキャッシュカードでATMを利用すると、1件につき約150円が、提携銀行からセブン銀行に入る。セブン銀行の経常収益（事業会社の売上高に相当）のうち、90・4％が他行のキャッシュカードを利用したATM受入手数料である（2020年3月期）。

セブン銀行の成功要因として、以下の3点をあげることができる。

第一に、ATM本体を安く調達できたことである。過去、他の銀行が購入していたATMは1台1000万円前後であり、無人店舗のATMの場合は、より丈夫な構造にするために2000万円近くかかっていた。

一方、セブン銀行のATMは、NECと共同開発し、通帳なし、小銭なしと構造を単純にしたため、1台300万円ほどにおさえられた。これによって1日の決済が70件未満でも採算がとれるようになった（銀行業界では1日100件を下回ると、ATMは撤去と言われていた）。

第二に、セブン‐イレブン店舗との相乗効果である。セブン‐イレブンの顧客調査では、コンビニに置いてほしいもののトップがATMであった。コンビニ内ATMは24時間365日入出金できる便利さがある。また、ATM利用者の3分の2はセブン‐イレブンで買い物をしており、店舗の売上にも貢献してきた。

第三に、ATM店舗を持つコストに耐えられなくなった金融機関が、セブン銀行と提携して、自前のATMを撤去し、またセブン銀行のATMを利用して事業エリアを拡大してきた。既存の金融機関のATM1台の年間維持費は約1000万円と言われており、彼らはセブン銀行に手数料を払っても、自前のATMを持たずに顧客サービスの水準を維持でき、セブン銀行とはWin－Winの関係にある。

このような「ATM手数料だけで黒字」という例は世界的にも珍しいが、セブン銀行の強みは果たして今後も永遠であろうか。現状では、次の二つのリスクが考えられる。

第一に、セブン銀行のビジネスモデルは低金利時代には機能するが、高金利時代には大きな機会損失が発生する。ATMの中に1日中眠っている現金は、融資していれば得られるはずの金利収入が得られず、その分、セブン銀行が金利負担することになる。現在のような低金利時代であればその影響は少ないが、高度成長期のような年利5％の高金利時代が来れば、このモデルは維持しにくくなる。

第二に、現在の日本では、民間最終支出に占めるキャッシュレス比率は2割程度と、先進諸国と比べても著しく低い（ちなみに韓国は96％、英国は7割弱、オーストラリア・シンガポールは約6割弱である。ただ2割という推計には、低すぎるという異論もある(2)）。

キャッシュレス決済が普及しないため、政府は2019年10月の消費税率の引き上げと同時に、キャッシュレスを利用した消費者にポイント還元をはじめた。これを契機に、消費者や小売店がキャッシュレスのメリットを実感できれば、キャッシュレス化が進んでいくと期待されている。

現金決済がゼロになることはないが、キャッシュレス化が進み、消費者がＡＴＭから現金を引き出す回数が減っていけば、セブン銀行の受入手数料は減っていくことになる。

こうした動きに対して、セブン銀行ではすでに対応をはじめており、たとえば、銀行口座を持っていない人が、セブン銀行のＡＴＭで現金を受け取る仕組みを２０１８年からはじめている「現金受取サービス」。振り込む企業側にとっては、振込先の口座情報は不要で、メールアドレスと携帯番号だけで、タイムリーに送金できる。受け取る側は、銀行口座を持っていなくてもセブン銀行のＡＴＭで３６５日受け取れる。１回の受領金額は10万円までとなっている。

用途としては、ＥＣ（オンラインショッピング）の返金やキャッシュバック、チケットの解約の返金、保険解約・変更にともなう返金、前払い資金やクラウド・ソーシング、経費・交通費精算、オークションやフリマサイトの売買代金の受け取りなどが想定されている。

受取人は、メールで送られてきた受取情報をセブン銀行のＡＴＭに入力することで、ＡＴＭで紙幣を受け取り、硬貨はセブン‐イレブンのレジで受け取るか、電子マネーへのチャージも可能である。

もともとは、「ネット通販で不良品を返品したときの返金をどうしたら良いか」というセブン銀行の社員の疑問から、本プロジェクトははじまった[3]。法人から個人への送金には、銀行振込、郵便為替、現金書留という面倒な手続きが必要であった。さらに銀行口座確認の手間や個人情報を握るリスクなど不都合が多く、簡単に「法人↓個人」への送金ができれば、便利になるのではないか、というのがビジネスの起点となった。

さらに2018年からは、キャッシュレス化に逆らうのではなく、セブン銀行のATMで電子マネーやスマホ決済のチャージにも対応をはじめている。

●複製を嫌ったウォークマン

携帯音楽プレーヤー（デジタル・オーディオ・プレーヤー）は、ソニーがアップルのiPodより2年前の1999年に、初代商品を発売していた。ソニーが開発したメモリーカードに音楽を圧縮して記録する「メモリースティック・ウォークマン」である。ソニーはデジタル・オーディオ・プレーヤーで先発企業であったにもかかわらず、アップルのiPod発売後は、iPodの後塵を拝していた。

その大きな要因が、音の圧縮方式にあった。ソニーはMD（ミニディスク）で採用したATRACを発展させたATRAC3という自社開発の圧縮方式を採用した。ATRAC3は著作権管理が厳しく、複製を作れない方式であった。ソニーはグループ内にCD会社（レコード会社）を抱えており、CDの孫コピーが出回ると、CDの売上が減ってしまうからであった。

対するアップルのｉＰｏｄは、グループ企業に音楽会社はなく、ｉＰｏｄ発売前に米国を中心に普及していた「Ｒｉｏ」や「ｉＲｉｖｅｒ」などの「ＭＰ３プレーヤー」が採用していたＭＰ３方式にも対応した。

ＭＰ３方式の音楽は、複製が容易であった。逆にそれが、ＭＰ３プレーヤーが普及した要因でもあった。後発のｉＰｏｄは、ウォークマンをはるかに上回るスピードで普及し、世界の携帯音楽プレーヤーのデファクト・スタンダードになった。

ソニーはそのままではシェア奪回がむずかしいと判断し、２００４年にはＭＰ３にも対応するように仕様を変えた。さらに２００５年には、アップルの標準の圧縮方式であるＡＡＣにも対応し、アップルからの乗り換えも促した。

その後ソニーのウォークマンは、２０１１年に国内販売台数でｉＰｏｄを抜き、トップを奪回した(4)（ただしこの台数には、電話機としてのｉＰｈｏｎｅがカウントされていないため、音楽が聴ける携帯プレーヤーとしてｉＰｈｏｎｅを利用している人の数は考慮されていない）。

さらにソニーは、２０１２年にはブルートゥース対応イヤホン、２０１３年にはハイレゾ(5)対応ウォークマンを出し、アップルに対して差別化を仕掛けた。ハイレゾ・ウォークマンには、ＭＰ３やＡＣＣなどの圧縮音源を、デジタル処理（アップスケーリング(6)）により、ハイレゾ相当の音質に向上させるDSEE-HXと呼ばれる機能も搭載した(7)。これらは、「テープコーダー」(8)以来、「スタジオモニター」(9)など、一貫して音を追究してきたソニーならではの差別化と言える。

ソニーのケースはグループ内に音楽会社を持っていることにより、それが次の戦略を考えるときに企業資産ではなく、負債になってしまった典型例と言えよう。

逆にアップルは、米国のユーザーの手元に蓄積されたMP3の音楽ファイルを、そのまま自社の資産として取り込み、瞬く間にMP3プレーヤーを駆逐したのである。

●文具業界にみるバトル・ロイヤル

日本の文具・事務用品業界は、成熟業界である。1992年までの文具・事務用品業界は、コクヨが強固な流通チャネル支配力と営業力で、他社を圧倒していた。都市だけでなく、地方でも「コクヨ」の看板を掲げた文具店が多かったことが、この証でもある。さらに、大企業に対する強固な外商チャネルも有していた。

しかし、この業界において、次々とビジネスモデルの異なるプレーヤーが登場してきた。

1993年に登場したのが、カタログ通販のアスクルである。文具・事務用品で当時業界4位のプラスは、既存のチャネル構造のままではコクヨの牙城は崩せないと考え、通信販売のアスクルを設立した。アスクルは中小事業所を対象に、卸をスキップし、文具店がカタログの配布と与信を行い、受注・配送は直接アスクルが行うという、コクヨが追随しにくい仕組みを作った。アスクルは、ビジネスモデルの成功事例として、多くの雑誌や書籍に紹介された。

当初アスクルは、プラス製品の通販からスタートしたが、そのうち顧客から「他社製品も扱ってほしい」という声が寄せられた。当初は社内にも抵抗が少なくなかったが、「顧客志向」を貫くために、1994年から他社製品も扱うことに戦略を転換した。ちなみに現在では、アスクルの売上の8割以上が他社製品と見られている。

コクヨは通販にも需要があると知りながらも、本業での得意先である卸への配慮もあり、2000年に「カウネット」をはじめるまでは、同質化（模倣）戦略を仕掛けてこなかった。

二度目のビジネスモデルの変革は、大塚商会によってなされた。大塚商会はもともとOA機器を専門とする商社であったが、1999年から「たのめーる」というカタログを持ち、全国に2000人いる営業マンが、中堅企業に対して集中購買システムと一緒に売り込むスタイルをとった。これは営業マンとシステム開発力を持つ大塚商会だからこそできるビジネスモデルであり、アスクルやコクヨは追随できなかった。

文具・事務用品業界の変革はこれで終わりではなかった。「リバース・オークション」という新たな購買形態が、先進的ユーザーからはじまったのである。

リバース・オークションとは、通常のオークションとは逆で、買い手が購入したい商品と数量をネット上に流し、入札してきた中で、一番安い売り手から購入する購買方法である。

通常のオークションが最高値で決まるのに対し、最安値で落札することから「リバース」と呼ばれている。賢い企業は利害関係のない企業と共同購入し、数量を増やすことによって、より安い調達が可能になる。世界で最初にリバース・オークション・ビジネスをはじめた企業の日本法人にあたる日本アリバなどが、そのプラットフォームを運営してきた。

リバース・オークションによって、アスクルなどの価格を大幅に割り込むケースも少なくなく、文具・事務用品業界の利益率は低下してきた。価格低下で業績が落ち込み、2012年、日本の電子商取引で楽天、アマゾンに次ぐヤフーがアスクルの42・6%の株を取得し、筆頭株主になった。(2020年現在、Zホールディングスが45・12%、プラスが11・63%を保有している)。ヤフーは、先行する2社が拡充している自前の配送機能を持っておらず、アスクルの物流網を活用するために提携したと見られている。同年、BtoC向けのインターネット通販サービス「LOHACO」も開始した。

以上のように、成熟業界と言われる文具・事務用品業界において、15年の間に3度も新しいビジネスモデルが登場したのである。

●チャネル・キャプテンが変わる家電業界

文具の例は、パワーがメーカーから流通に移ってきた事例であるが、チャネル・キャプテンが次々と変化してきた業界が、家電業界である。

系列店数が決めていたシェア

パナソニック（旧：松下電器産業）はこれまで、家電のリーダー企業として君臨してきた（パナソニックは、今日の売上構成から言えばBtoB事業の方が大きく、利益もBtoBの比重が大きいことから、BtoC、特に家電だけを切り出して話をするのは適当ではないかもしれないが、ここでは、家電の「チャネル」に焦点を当てて述べる）。

かつての家電においては、系列店数が事業成功の鍵（KFS）であった。1980年代にはパナソニックは約2万7000店を持っていた。2位の東芝と3位の日立製作所は1万店前後。以下、三洋電機が約6000店、三菱電機が約5000店、シャープが約4000店と、他を圧倒していた。

なぜ系列点数が、KFSであったのであろうか。それは、消費者は近くの店で買わなくてはならない理由があったのである。

第一に、昔の家電製品はメカが中心であったため、よく壊れた。

第二に、昔の家電は生活必需品が多く、壊れたらすぐに直してもらう必要があった。そのため、電話一本で修理に来てくれる近くの店から買う必要があったのである。系列店の店主・店員は、ドライバーやハンダゴテを持って、出張修理に急行した。すぐに直らない場合には、代わりの機器を置いていき、消費者の立場に立ったサービスをしてきた。場合によっては、「直すより買った方がお得では？」という殺し文句で、出張修理がそのまま販売促進に結びついていたのである。

第三に、消費者に商品情報が十分行き渡っていなかったため、消費者よりも店主の方が格段に商品知識を持っていた。言い換えれば、家電製品においては「情報の非対称性」があり、供給側が圧倒的に優位だったのである。そのため製品を使いこなすには、店主や販売員から直接説明を受ける必要があった。とりわけ初めての耐久消費財を購入する場合には、気心の知れた店主から説明を受けることが好まれた。

白物からデジタル家電へ

しかし、家電をとりまく環境は大きく変わった。市場全体は成熟してきたが、強いて言えば、白物と言われる冷蔵庫・洗濯機に加えて、デジタル家電が増えてきた。デジタル家電の中心は、やはりテレビである。リビングの上座に置かれ、Ｗｉ－Ｆｉ接続すればＹｏｕ

Ｔｕｂｅなどもテレビで楽しめるようになった。契約すれば、有料の動画配信サービスも楽しむこともできる。

パナソニックは日本のテレビのシェアでも、ソニー、シャープ、東芝と争う上位企業であるが、シェアは取れても、儲からなくなってきた。それはテレビの部品がモジュール化され、パネルを握る海外勢が利益を得る一方、組み立てだけでは利益が出ない状況になってきたからである。

パナソニックは、２０１４年にプラズマテレビから撤退し、２０１０年からはじめた液晶パネル生産から、２０２１年をめどに撤退することを決めた。テレビに関しては自社で開発・生産するのは上位機種のみで、ボリューム・ゾーンの下位機種に関しては、他社との協業で補完する予定である。

ちなみに日立の家電系列店でも、「売上の半分はテレビが占め、テレビがないと経営が成り立たない」(10)と言われている。日立は、カラーテレビの市場導入期には勢いがあったが、その後、テレビでは低迷を続けていた。そこで日立では、２０１８年に国内のテレビから撤退し、ソニーと提携して、日立の系列店でソニーのテレビを扱うことにした。将来はテレビだけでなく、ソニーのＡＶ商品も増やしていく計画である。

デジタル家電で系列店離れ

ところが、頼みの綱の系列店が減ってきた。パナソニックの系列店は、最盛期の2万7000店から、2019年には約1万5000店になった(11)。この背景には、地方の過疎化や事業継承者の不在などさまざまな要因があるが、「系列店で10台ずつ売れれば、27万台」という皮算用ができなくなった。

チャネルとの関係でデジタル家電を考えると、第一にデジタル家電は、エレクトロニクスのかたまりであり、あまり壊れない。さらに壊れたとしても、系列店では直せなくなった。たとえば、ブルーレイ・レコーダーが壊れると、部品モジュールごと交換することが多い。そのため近くの店で買う必然性がなくなった。

第二にデジタル家電は、嗜好品の性格も強く、系列店の店主より消費者の方が商品知識を持っているケースも少なくない。さらに、くわしく知りたい消費者は、専門的知識を持った都心の専門店や量販店に足を運ぶようになった。

消費者が街の系列店を離れ、量販店などに移るにつれ、メーカーもこれに対応していく必要が出てきた。これを機に系列店の少ないメーカーは、積極的に量販店ルートを強化し、シェアを伸ばしていった。しかし、パナソニックは量販店などの成長チャネルに商品を流しながら、これまで同社の成長を支えてくれた系列店をないがしろにできなかった。たとえば、量がさばける量販店に系列店より安く卸すだけで、当初はさまざまな反発をかった。

このように、消費者が製品に関する知識を持つようになり、壊れても近くの店で直せなくなると、購入の基準として「価格」が最大のポイントとなってきた。

それに応えてきたのが、量販店、家電量販店、ディスカウント・ストアであった。特にバイイング・パワーを背景に、ヤマダ電機、ビックカメラ、ヨドバシカメラなどの家電量販店が全国網を築き、そこでの購入比率が高まってきた。

ネット販売とショールーミング

近年、インターネットを通じて家電を購入するユーザーが増えてきた。価格ドットコムなどによって、「どのサイトが安いか」を消費者が知ることも容易になった。アマゾン、楽天をはじめ、家電量販店、メーカーも自社サイトを持ち、価格と品揃えの競争を繰り広げている。

さらに、現物を見ないと決められない商品に関しては、量販店で現物を見てから、ネットで購入する人が増えてきた。こうした現象は、「ショールーミング」と呼ばれ、量販店はこれに対抗する必要が出てきた。

ヨドバシカメラ、ビックカメラ、ヤマダ電機などは、自社サイトも立ち上げ、店舗とネットのポイントの共有化も進めている。たとえば、ヨドバシカメラでは、店頭商品値札にバーコードをつけて、それを読み込むとネットにつながる仕組みも設け、リアルとネットの垣根を超えて顧客へ情報提供をしている。

系列店の生き残り策

家電系列店の中には、ボランタリーチェーンであるコスモス・ベリーズと組んで生き残りをかけている店もある。コスモス・ベリーズは、現在はヤマダ電機の子会社になっているが、「小売りの公平な競争環境を提供すること」を目標として２００５年に設立された、地域店をサポートする会社である。

具体的には全メーカーの家電商品を、ヤマダ電機と変わらない価格で掲載したカタログを提携する店舗に置く。顧客から注文を受けると、地域の店主は近くのヤマダ電機にある商品を取りに行き、当日中に顧客の家に届け、据え付ける。２０２０年2月のコスモス・ベリーズの加盟店数は１万１６６４店になっている。コスモス・ベリーズの加盟店には、家電系列店だけでなく、燃料店、電気工事店、工務店など、さまざまな業種の地域小売店がある。

顧客は、全メーカーの商品から選べて安く購入でき、馴染みの店主に設置にしてもらえる。系列店はカタログがなければ取れなかった売上が立ち、ヤマダ電機は従来リーチできなかっ

図表1-1

コスモス・ベリーズの仕組み

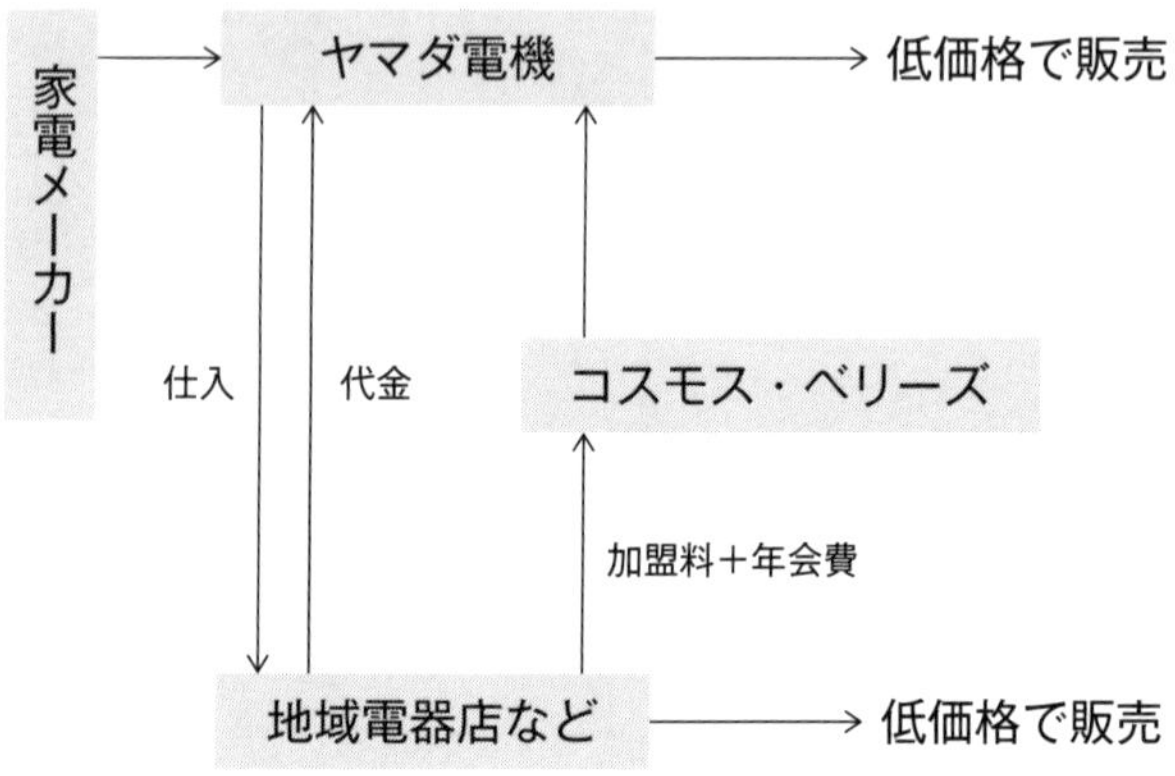

出所：山田英夫『競争しない競争戦略』

た客層に売れ、販売数量が増えれば、メーカーへのバイイング・パワーを高めることができる。そしてコスモス・ベリーズは、加盟料と年会費を受け取る。まさにｗｉｎ-ｗｉｎ-ｗｉｎの仕組みである。

コスモス・ベリーズの目標通りにいけば、２０２０年にパナソニックの系列店数を超える加盟店数となる計画である。

以上のように、日本の家電チャネルは、次々と変化を遂げてきたのである。

〝五面楚歌〟のＪＴＢ

ＪＴＢは日本の旅行業界のリーダー企業であり、いまでも大学生の就職人気ランキングでは上位に位置している。取扱高では、２位の楽天、３位のＨＩＳを大きく引き離してい

図表1-2

5つの競争要因

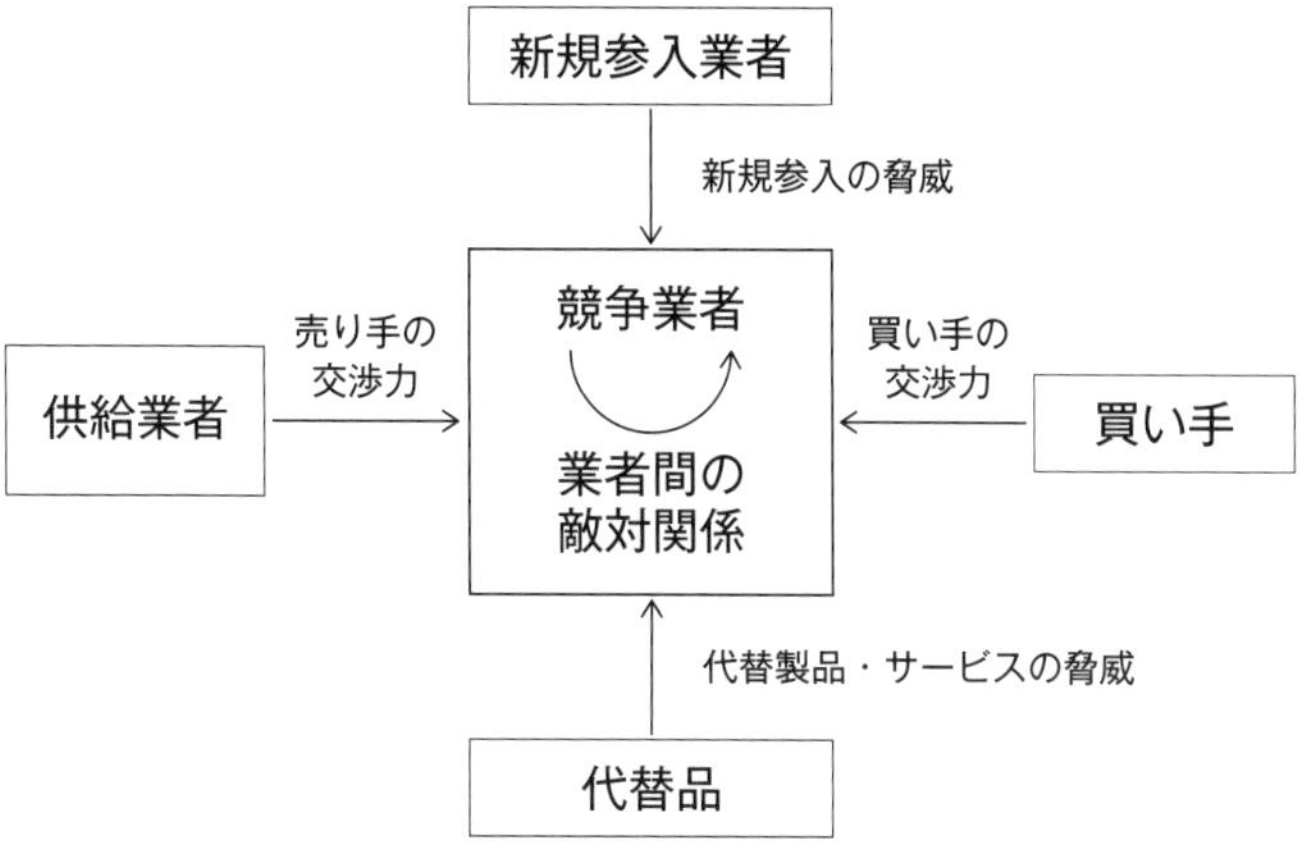

出所：ポーター『競争の戦略』

る。

ところがそのＪＴＢが、とても厳しい脅威に直面している。ここでは、業界の利益率に影響を与えるマイケル・ポーターの５つの競争要因を用いて説明してみよう。

1 競争業者

旅行会社は日本に１万４５８社（２０１９年５月現在）ある[12]。旅行業は基本的に「前受金ビジネス」（顧客から先に代金を受け取り、宿やキャリアに後払いする）であるため、資金繰りで倒産するリスクは少ない。

ただし、差別化がむずかしい業種でもあり、市場のパイが同じとすれば、１万社で市場を取り合うことなり、利益率は低くならざるをえない。

2 供給業者

旅行会社への供給業者は、ホテル、旅館や鉄道、バス、航空会社（キャリア）などである。力関係が強い方が高い利益率が期待できるが、旅行業界には、不思議な力関係の変化がある。それは、繁忙期と閑散期で力関係が逆転することである。

繁忙期には、宿やキャリアの方の交渉力が強くなり、閑散期には旅行会社の方が強くなる。JTBのような大手であれば、閑散期にツアーを組んで人を運ぶことによって、繁忙期に多くの部屋や席を分けてもらえることが期待される。

しかし、供給業者が自ら旅行業をはじめるケースも出てきた。中でもさま変わりした供給業者が、JRであった。かつてJRはJTBの筆頭株主であったが、民営化にともない自ら旅行業をはじめ、JTBの競合となった。JR東日本は「びゅうトラベルサービス」、JR東海は「JR東海ツアーズ（これはJTBとの合弁）」を設立、JR西日本は日本旅行に出資し、連結子会社化した。

旅行業をはじめれば必要であったのが店舗である。JRには土地代無料の駅構内という場所があった。そこには、かつてJRが出資していたJTBや日本旅行が店舗を構えていたが、JRはそれらの店舗を追い出し、JR直営店に衣替えをした。乗車券・指定券などは、どこで購入してもかまわない〝最寄品〟であり、駅構内は最高の立地であった。

3 買い手

消費者に旅行のリテラシーがない時代には、「LOOK」「エース」などのパッケージ商品がJTBの利益源となっていたが、旅行会社間のパッケージ商品も競争が激しくなってきた。さらに消費者がネットなどで、宿やキャリアと直取引できるようになった。

もともと発券ビジネスは薄利であったが、それ自体が飛ばされるようになり、利益率はさらに厳しくなってきた。ネット直販を利用する人が増え、買い手の交渉力が高まるにつれ、旅行会社の利益率は下がってきた。

4 新規参入業者

旅行業界への参入条件は、旅行業務取扱管理者の資格を取り、第一種旅行業から第三種旅行業までは営業保証金を積めば参入が認められる(13)。他産業に比べると参入障壁は低い。インターネットの出現以降、楽天トラベル、じゃらんネット、一休ドットコムなどが参入した。中でも楽天トラベルは業界2位にまで成長し、新規参入業者にチャンスがあることを示している。このように新規参入が容易なため、業界の利益率は低くなる。

5　代替品

２０２０年初頭から、新型コロナウイルスが流行拡大し、まず中国からのインバウンド需要が激減した。それに続いて感染リスクを避けるため、不要不急の出張や旅行が激減した。レジャー目的の旅行はキャンセルされ、ビジネストリップは、テレビ会議などに代替された。以前は通信代が高かったテレビ会議も、安いコストで簡単に行うことが可能になり、旅行需要は〝代替品〟に流れた。これも利益率を下げる方向に動いた。

ちなみに、新型コロナウイルスにともない、ビデオ会議システム「Ｚｏｏｍ（ズーム）」の利用者は、２０１９年12月の12万人から、２０２０年４月には、30倍の３億人に増えた⒁。

過去、天災、大事件、感染症（パンデミック）などが起きたときには、物理的な渡航が困難になり、旅行需要は急速にしぼんだ。一般消費者に関しては、旅行そのものを取りやめたり、旅行費用が他の物品の購買にあてられることもある。旅行は〝生活必需品〟でないことから、代替品は多数あると言えよう。

以上のような５つの競争要因の分析から、業界のリーダーであるＪＴＢは、〝五面楚歌〟の状況にあると言えよう。

●高級イメージか顧客拡大か

アメリカン・エキスプレス（以下アメックスと略す）は、米国で１８５０年に運送業として創業し、日本では１９１７年にトラベルオフィスを開業したのがはじまりである。１９８０年にアメリカン・エキスプレス・ゴールドカードを発行し、カード事業をはじめた。日本でのアメックスは、プレステージ系クレジットカードのリーダー企業であった。

かつての日本のクレジットカード業界は、４グループに分かれており、客層もそれぞれ異なっていた。

・プレステージ系（アメックス、ダイナース）
・銀行系（ＪＣＢ、三井住友ＶＩＳＡなど）
・信販系（三菱ＵＦＪニコス、アプラスなど）
・流通系（クレディセゾン、イオンクレジットなど）

ちなみに年会費も、銀行系の普通カードが税抜きで約１０００円なのに対して、アメックスの普通カードであるグリーンカードは約1万円、ゴールドカードは約2万円と、1ケタ違っていた。

アメックスは、「メンバーシップそれが特権」をキャッチフレーズにしたマーケティング政策によって、プレステージ系市場において、圧倒的な強みを誇ってきた。どんな要求に対しても「最初からできないとは決して言わない」ことを基本としてきた。

かつては、「アメックスを持っている」だけでステータス・シンボルであり、「アメックスが使える店」は、信頼と高級イメージの店にしか許されていなかった。また、オペレーションに関しても、アメックスは十分に訓練されたオペレータを社内に抱え、その対応の顧客満足度は高かった。特にカードの紛失時など、いざというときの安心感や面倒見の良さは、他社の追随を許さなかった。

しかし、1982年ころから銀行系クレジットカード会社がゴールドカード（年会費約1万円）を発行し、カード業界の棲み分けは徐々に崩れてきた。アメックスの特権であった各種サービス（海外旅行保険、電話応答サービス、ショッピング・プロテクション、携行品損害補償など）が次々と模倣され、カード間に差がなくなってきた。海外旅行保険では、アメックスがカードで航空券を購入した場合に限っていたのに対し、カードでの購入を条件とせず、使い勝手で逆転したカードも出てきた。

こうした銀行系カードの攻勢に対して、他社では当然であったポイント・サービスをアメックスも1993年から開始した。当初アメックスでは、「ポイントのためにアメックスを持つ人はいない」と考えていたが、背に腹はかえられず、追随におよんだのである。

クレジットカードのサービスの同質化が進む中、アメックスはさらなる上級カードである「プラチナカード（発行当時の年会費：10万5000円）」を発行し、対抗しようとした。プラチナカードは「添えないサービスはない」カードとして、顧客のあらゆる要望に対応してきた。

ところがバブルがはじけ、年会費の高いカードは、解約されるものも出てきた。高級イメージで拡大してきたアメックスにとって、これは重大な問題となった。同じプレステージ系の日本ダイナースクラブは、アメックスに比べて規模は小さく、発行枚数を拡大せずに、ニッチ企業にとどまる戦略をとった（日本ダイナースクラブは、1996年に米国シティグループに、2011年には三井住友信託銀行に買収された）。

しかし、アメックスはニッチ企業としては大きくなりすぎた。アメックスのカード発行枚数は非公表であるが、当時100万枚を超えていたと推定されている。アメックスの組織を維持していくためには、事業を拡大していかなくてはならなかった。国内ではV字カーブの底の〝死の谷〟にはまってしまっている可能性が高く、そこから抜け出す必要があった。

アメックスにとって、高級イメージを維持しながら事業拡大を狙うのは、非常にむずかし

図表1-3

V字カーブ

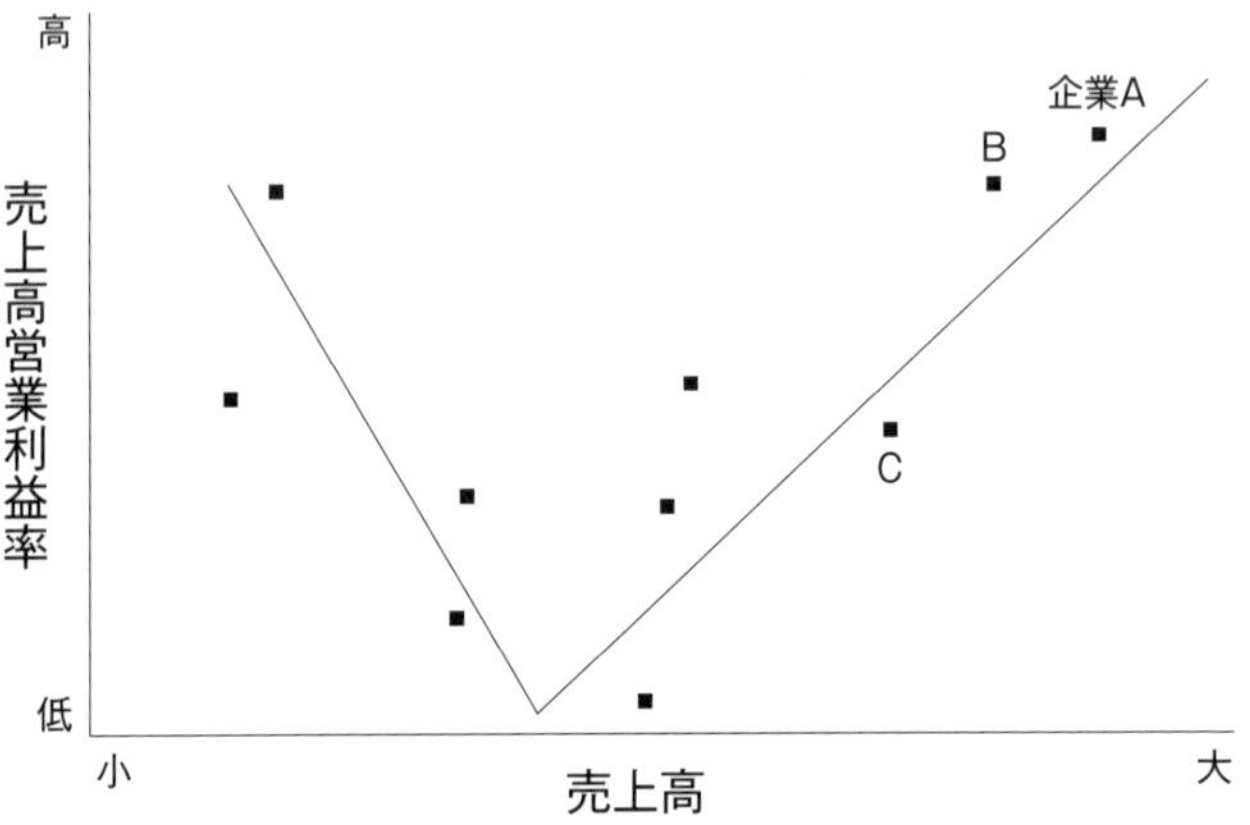

出所：グロービス『MBAマネジメントブック』を一部修正

い戦略であった。高級イメージの維持を優先させれば、あまり会員数を増やすことはできない。逆に安易に入会基準を下げると、高級イメージが低下する。このジレンマに、アメックスは直面した。

こうした中でアメックスは、見える部分では差別化を続けながら、見えない部分では効率化を進める二面作戦をとった。まず、アメックスは日本での請求書発行業務をやめ、東南アジア地区の請求明細書の発行業務をオーストラリアに移管し、人事をシンガポール、経理・財務をインドに集中させた(15)。

そして請求書は、豪州や香港から航空便で届くようになった。航空便は国内郵便より高いが、人件費、賃貸料など総合的なコストを考えると、請求業務は、豪州でまとめて行なった方がはるかに安いのである。

すなわち、顧客から見えない部分は、低コスト路線を徹底したのである。

一方、1997年にはクレディセゾンと提携し、アメックス・ブランドをつけたセゾンカードを発行した。大衆向けカードの代表であるセゾンの力を借りて、会員増を進めたのである。この提携に関しては、カード業界はもともと規模の経済性が効くので評価するという声と、昔からのアメックス・ホルダーからは、騎士のマークのプレステージが下がるという批判の声もあった。

さらに2003年には、「地球上でごく限られた人しか持つことができない」と呼ばれる究極のカード「センチュリオン（通称：ブラック・カード）」を発行し、高級カード事業のフラグシップを固めた。ブラック・カードは、ピラミッドも買える与信枠を持ち、手厚いコンシェルジュ・サービスも提供している。同カードは、発行当時の年会費は16万8000円で、一般公募はせず、アメックスからインビテーションを受けた顧客だけが加入できる。

アメックスは、こうしてプレステージ市場でのリーダーの地位を守ろうとしているが、高級イメージの維持と事業拡大のジレンマには、今後も頭を悩ましていくであろう。

●電通を襲うネット広告

コミッション制度を守りたい電通

日本の広告業界では、業界2位の博報堂、5位の大広、6位の読売広告社が2003年に経営統合し、持株会社の博報堂DYホールディングス（HDYH）を設立した。これによって、電通に肉迫する巨大チャレンジャー企業が誕生した。

HDYHは同年、新聞やテレビなどの媒体の枠を購入する専門会社である博報堂DYメディアパートナーズ（HDYM）を設立した。これは日本の広告業界において、画期的な出来事であった。

従来、広告会社は、各社ごとに社内にメディア・バイイング（媒体購入）機能と制作・マーケティング機能を合わせ持ち、それらをセットで広告主に販売する形態をとってきた。そこで広告会社は、セット価格に手数料を上乗せする「コミッション制度」が主流であった。

こうした日本の形態に対して、欧米ではメディア・バイイング専門の企業が存在し、広告会社はそこから枠を購入している。日本のように枠を持つメディア側が圧倒的なパワーを持つ構造ではないため、メディア・バイイング会社は一括で安く枠を仕入れ、それを安い価格で広告会社や広告主に提供できる。欧米の広告会社は、メディア料金は別料金として明確に分けられており、制作・マーケティング費用に利益分をのせた「フィー制度」で運営されている。

リーダーの電通がこれまで高収益体質を保持してこられたのは、コミッション制度によるところが大きく、欧米のようなフィー制度への移行は、なるべく先送りしたかった。

しかし、外資が入った日産自動車やマツダなどはフィー制度に転換してきた。国内広告主の間でも、コミッション制度の不透明さを不満とする声が高まり、フィー制度への移行圧力は強くなった。

ＨＤＹＭは、日本初のメディア・バイイング専門企業であり、もしフィー制度に移行する気になれば、電通が追随したくない戦略を打てる可能性を持っている。

ネット広告が逆転

そして、電通を襲うはるかに大きな圧力が、ネット広告の隆盛である。電通の調査によれば、２０１９年の国内の総広告費は６兆９３８１億円であった。内訳として、ネット広告が２兆１０４８億円になり、テレビ広告の１兆８６１２億円を抜いた(16)。

電通が得意とする４媒体（テレビ、新聞、雑誌、ラジオ）は合計で２兆６０９４億円と、すべて前年を下回った。４媒体は電通なしにはなかなか広告を流せないが、ネット広告は電通を通さなくても広告が流しやすい。先のＪＴＢのような〝中抜き現象〟が、広告の世界でも起きてきたのである。ちなみに、ネット広告の先進国である中国では、この傾向はさらに強く、中国の電通は事業の見直しを余儀なくされた。

2 踊り場に来た新興企業

新しいビジネスモデルで急成長を遂げてきた企業は少なくない。しかし、そうした企業の中に、ビジネスモデルの斬新さゆえに成長が止まり、踊り場にいる企業も少なくない。

●強みが弱みに変わったブックオフ

ブックオフは、中古本流通のビジネスモデルを一新した企業である。

ブックオフ登場前の中古本流通は、東京の神保町や神田のような集積地の他は、街中の古書店が中心であり、薄暗い店舗で、本好きの顧客を相手に商売していた。古書店を経営するには、「目利き10年」という言葉があった。顧客が持ち込んだ本をいくらで買い取り、いくらで売ればよいかは、本の人気度や在庫など、多くの情報を頭に入れ、瞬時に判断する必要があり、そのためには10年を越える経験が必要であった。

図表1-4

アドバンテージ・マトリックス

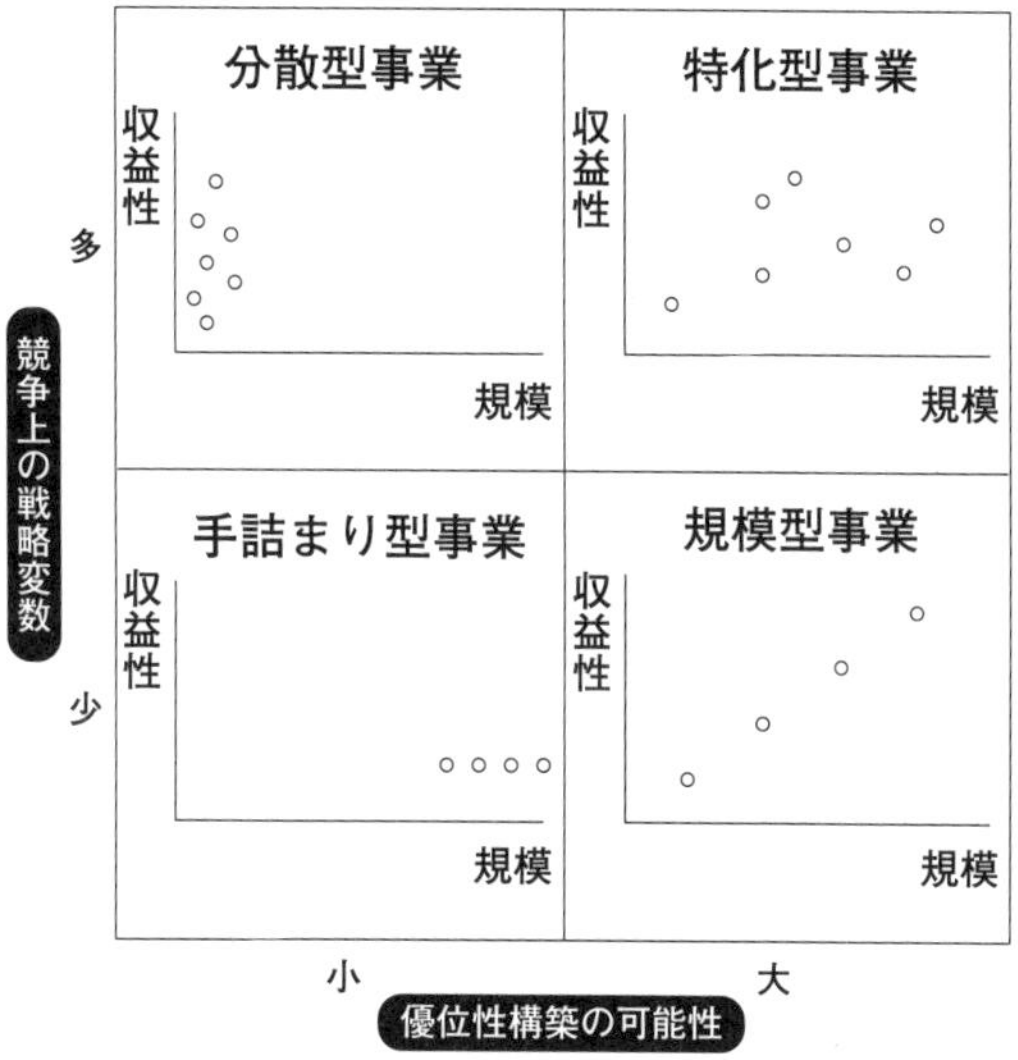

出所：相葉宏二「日本企業変革の手法」

すなわち戦略の変数と優位性構築の可能性を分類したアドバンテージ・マトリックスで言えば、典型的な「分散型事業」であったのである（図表1－4参照）。

ところがブックオフは、〝目利き不要〟の仕組みを作り上げた。本の内容ではなく、「定価の1～2割で買い取り、定価の5割で売る」というマニュアルに従い、入ったばかりのアルバイトでも買い取り、値付けができる仕組みであった。その際に考慮されていたのは、本の発刊日と綺麗さだけであった。目利きを不要にしたため、アルバイトも集めやすく、スピードある店舗数拡大が可能になった。これによって「規模型事業」に転換した。

さらに店舗もコンビニを参考に照度を高め、誰もが入りやすい仕組みを作った。表には「お売りください」という看板をかかげ、まずは商品の調達に力を入れた（売却に来たお客が、買って帰ることも、非常に多かった）。

しかし、これまで店舗数を増やしてきたブックオフが、２０１６年3月期に赤字に転落し、２０１７年以降、店舗数を減らしてきた。特に地代家賃の高い駅前の不採算店を減らし、郊外の大型店にシフトしてきた。

その原因の一つは、アマゾンがロングテール部分をアマゾン・マーケットプレイスに任せ、中古本が大々的にラインナップに並ぶようになったからである。これによって、検索一つで目的の本が買えるようになった。

アマゾンは、自社でロングテール部分を持つと在庫コストが膨らみ利益率が低下することから、古書店や消費者に中古本を持ってもらい、注文が入ったら、一定の手数料をアマゾンに払い、配送は古書店や消費者自身が行う仕組みを作り上げた(17)。これによって、在庫コストを増やさずに、手数料が入る仕組みを作ったのである。

こうしたアマゾン・マーケットプレイスの攻勢に対してブックオフは、ブックオフ・オンラインを立ち上げ、対抗しようとしているが、在庫量、ＳＫＵ（商品を管理する最小の単位）

には相当の差がある。

もう一つの原因は、メルカリ、ヤフオクのような個人間取引（C to C）が、ブックオフの市場を食いはじめていることである。メルカリ、ヤフオクでは、人気のある本はブックオフが買い取るよりも高い値段で売れる。ここではブックオフが無視していた「本の内容」が、売値に反映され、市場性のある本を高く売却したい顧客にとっては、個人間取引の方が得をすることが多くなった（ブックオフも、最近では本の人気度を反映した買い取り、値付けをはじめているが）。

ブックオフのチェーン展開のベースであった「本の内容は問わない」という〝強み〟が、逆に〝弱み〟になってきたのである。

さらに、その価格差に目をつけた「瀬取り」と呼ばれる人たちは、ブックオフを絶好の仕入場所として漁りに来ている。市場性があるのに安く値付けられている本をブックオフで購入し、ネットで市場価格で販売し、利鞘《りざや》を稼いでいるのである。

チェーン・オペレーションのための〝強み〟が、新たな競合相手が登場する中で〝弱み〟になっている現象は、他のチェーンの分野でも顕在化してくるかもしれない。

●痩せ我慢が続かなかったガリバー

日本最大の中古車販売業者であるガリバー（現社名は「IDOM」）は1994年に設立され、「買い取り専門」という独自の戦略を打ち出した。一般の中古車販売業は、顧客から買取った車を、展示場に置き、それを2～3カ月かけて販売していく。一方、ガリバーのビジネスモデルは、顧客から買い取った車を中古車業者が加盟するオークションで売却する。ガリバーの中古車は、オークションに出品される車の中でも「新鮮な」車が多く、成約率は70～80％と、業界平均の60％前後より高かった（他社は展示場に置いて売れなかった車をオークションに出すことが多いため、それが成約率の違いになっていた）。

既存の中古車業の在庫回転期間が平均2～3カ月なのに対して、買ったらすぐオークションで売却するため、ガリバーの在庫回転期間は7～10日程度であった。

このようなビジネスモデルを実現するために、次のような施策を行なった。

第1に、車種、年式、走行距離、装備、事故歴など、従来不明瞭であった査定の根拠を明確にし、かつ査定業務は本部で一元管理した。これによって、査定の専門家を店舗に設置する必要がなくなり、店舗ごとに買い取り価格が違うということはなくなった。

第2に、オークションでの売却可能価格をもとに買い取り価格を決めるため、消費者から買い叩く必要がなくなった。

第3にガリバーには、〝鉄の掟〟として在庫保有期間は2週間とし、これを守ってきた。実は、オークションで他社に売却するときの1台当りの粗利益は10~15万円なのに対し、消費者に小売りする場合の粗利益は平均で15~20万円であった。単純に考えれば、B to Bより B to Cの方が粗利益は大きいが、ガリバーは、〝新鮮な〟車をオークションで売り切るという同社独自のビジネスモデルを守るために、あえてB to Bにこだわった。

ガリバーは当初、既存の中古車販売業者から、「消費者から高値で買い取る悪い競争業者」と見られたが、良質の車を同業者にオークションで提供するモデルにより、優良中古車の〝仕入業者〟として評価されるようになった。

以上のようにガリバーは、従来日本になかった斬新なビジネスモデルを生み出したが、既存の中古車販売者は、みすみす利益率を下げるので、ガリバーに同質化はしかけなかった。B to Cの方が、旨味があったからである。

こうしたガリバーのビジネスモデルは、異例の販売部数を上げたビジネス書『ストーリーで学ぶ競争戦略』(18)でも、ビジネスモデルの成功例として絶賛されていた。

自ら作ったビジネスモデルを修正

しかし、独自のビジネスモデルを守る痩せ我慢は、長くは続かなかった。まず、1998

年から、買い取って2週間以内の車を「ドルフィネット」というネット上に公開し、そこで小売りを開始した（ただしこの時期は、オークションでの販売が圧倒的に中心であった）。

２０１４年からは中古車の小売り販売（B to C）を強化し、従来ドルフィネットに掲載されていた買い取ったばかりの車を展示場に置き、販売するようになった。同社の説明では、プールしている在庫を展示場に置くだけなので、新たな在庫負担は生じていないと言う（しかし、展示場という土地、建物への投資は必要となる）。

２０１８年からは、従来の販売店「ガリバー」だけでなく、低価格車中心の「アウトレット」、ミニバン専門の「スナップハウス」、軽専門の「ガリバーミニクル」、外車専門の「リベラーラ」と複数ブランドで、小売り販売を加速した。

最近では、車を次々と乗り換えられるサブスクリプション型のサービス「ＮＯＲＥＬ」や、個人所有の車をシェアリングする「Ｇｏ２Ｇｏ」などもはじめ、新しいビジネスモデルに手を出している。ちなみに「ＮＯＲＥＬ」には、新車を次々と乗り継ぐサービスと中古車を乗り継ぐサービスがあるが、前者で乗り換えられた車は、使用期間の短い良質な中古車として、本業のガリバーのビジネスへの仕入れ商材となっている。

しかし、２０１２年のエコカー補助金を契機に、新車ディーラーが販売を伸ばすために下取り価格を引き上げ、その影響を受けて、対抗上ガリバーも買い取り価格を引き上げざるを得なくなり、1台当りの粗利益が低下した。さらに日本の高齢化が進み、自動車を手離す高齢者も増え、一方で若者の車離れにより、仕入れが先細ってきた。
こうした経営環境の悪化から、ガリバーは粗利を追うためにB to Cを強化し、自ら作り上げたユニークなB to B中心のビジネスモデルを、修正しはじめてきたのである。

note

注1：竹内弘高・榊原清則・加護野忠男・奥村昭博・野中郁次郎（1986）『企業の自己革新』中央公論社に多くが掲載されている。
注2：たとえば『我が国におけるフィンテック普及に向けた環境整備に関する調査検討』野村総合研究所、2018年3月
経産省系のキャッシュレス推進協議会によれば、日本のキャッシュレス比率は、2016年で19・9％と、著しく低いと言われてきた。しかし、この数字には口座振替や銀行振込が含まれておらず、これを加えるとキャッシュレス比率は、62・2％になると推計される（日本クレジット協会調査2020年2月）。また、翁百合「キャッシュレス社会に向けて何をすべきか（NIRA総研、2019年）のアンケート調査によれば、個人消費金額の約5割が現金決済と推計されている。
注3：Project Story 新しい〝当り前〟を創造する～「ATM受取（現金受取サービス）」開発プロジェクト sevenbank.co.jp/recruit/project/project01.html
注4：『日経シェア調査 2013年版』日本経済新聞出版社
注5：ハイレゾリューション・オーディオとは、CD（44・1キロヘルツ／16ビット）を超える情報量（サンプリング周波数、もしくはビット数のいずれかにおいて）を持つ音源を用いた音楽再生を指す。

注6：アップスケーリングとは、解像度面で音質向上を行う技術・アルゴリズムを指す。

注7：こうしたアップスケーリング技術は、オーディオ・メーカー各社で開発されている。ソニーの「DSEE-HX」の他に、ＪＶＣケンウッドの「K2 Technology」、パイオニアの「マスターサウンドリバイブ」、ＤＥＮＯＮの「Advanced AL32 Processing」などがある。

注8：テープレコーダーを表すソニーの登録商標。１９５０年代当時、日本の放送業界では「テープコーダー」が一般名詞になっていた。

注9：スタジオで録音するときにプロが使うヘッドフォン。30年もの間、ソニーの「ＭＤＲ-ＣＤ９００ＳＴ」が定番であった。日経産業新聞　２０２０年4月23日

注10：『日経ビジネス』２０１８年10月8日号

注11：『週刊ダイヤモンド』２０２０年1月25日号

注12：（公財）日本交通公社『旅行年報２０１９』２０１９年10月

注13：旅行会社は、第一種旅行業（海外・国内の企画旅行の企画・実施、国内外旅行の手配、他社の募集型企画旅行の代売ができる）、第二種旅行業（海外の募集型企画旅行の企画・実施を除く旅行業務ができる）、第三種旅行業（募集型企画旅行の企画・実施を除く旅行業務ができる）、旅行業者代理業者（一～三種が委託する旅行業務ができる）に分けられ、数的には第三種が半数以上を占め、第一種は７００社強となっている。

注14：日本経済新聞　２０２０年5月18日

注15：唐津一彦「アメリカン・エキスプレスにおける組織・人材戦略について」『Business Research』企業研究会、２０１２年5～6月号

注16：朝日新聞　２０２０年3月23日

注17：アマゾンは、マーケットプレイスの出品者に対して、ＦＡＢ（Fulfillment by Amazon）という商品の保管から発送までアマゾンに任せる仕組みも作っている。これは月額固定費と販売代行手数料と在庫保管手

数料を払えば、オペレーションはアマゾンに委託できる仕組みである。

注18：楠木 建（2010）『ストーリーで学ぶ競争戦略』東洋経済新報社

第2章

なぜ、リーダー企業が転落するのか

1 リーダー企業とは?

ここであらためて、「リーダー企業」の定義をしておこう。

一般に「リーダー企業」と言う場合には、二通りのリーダーが想定される。つまり、「業界や関連企業集団における最大売上規模の企業を指す場合と、特定市場における最大市場シェアの企業(ないし事業)を指す場合」(オールウェイズ研究会1989)である。前者の例は「損害保険業界のリーダー:東京海上日動火災保険」であり、後者の例は「ガン保険のリーダー:アフラック生命保険」である。

ここで業界とは、「お互いに代替可能な製品を作っている会社の集団」(ポーター1980)と定義されるが、産業分類による業界が競争戦略を立案する上においても、そのまま有効である例は少なくなってきた。その理由には、以下の三つがあげられる。

第一に、専業企業だけで業界が成り立たなくなってきたからである。たとえば、事務機業界というものに明確な線は引きにくい。今日でも業界が意味を持つのは、規制の多い金融業界、製薬業界、運輸業界など、一部の業界にとどまっている。

第二に、企業の多角化が進む中で、競合する企業が同じ事業ドメインで事業をしている例が少なくなってきたからである。たとえば、かつてカメラを発祥事業としていた企業を見ても、オフィス機器に向かったキヤノンと、メディカル分野に向かったオリンパスを、カメラ業界の企業として単純に比較することは、意味がないであろう。

また、株式欄でかつてガラス・土石部門に属していたHOYAは、業務内容をオプト・エレクトロニクス分野にシフトし、今日では精密機器部門に所属を変えている。旭化成も繊維から化学（総合化学メーカー）に、日清紡も繊維から電機（無線通信・マイクロデバイスを主力としたエレクトロニクス・メーカー）に所属を変えた。すなわち、かつての業界に名実ともにそぐわなくなるほど、事業構造が変わってしまった企業も増えている(1)。このように多角化の進んでいる企業同士、たとえば、帝人と旭化成の競合関係を論じても、あまり意味がないことは明白であろう。

第三に、業界とは、もともと「過去」の区分であり、現在および将来を規定する概念ではないからである。たとえば、リクルート、ぴあ、サンリオ、楽天などは、そもそも「既存業界」のなかった企業である。このような背景から本書においては、企業サイドからではなく、顧客サイドの視点に立ち、「特定の事業において、顧客から相互に競争をしていると認知される企業の中で最大のマーケット・シェアを持つ企業」をリーダー企業と呼ぶことにする。

ただし、銀行や旅行会社のように、売上のほとんどが単一の事業から成り立っており、かつ専業企業同士が競争しているような場合には、「世間で言われている業界で最大売上規模の企業」を、リーダー企業と呼ぶことにする。

2 リーダー企業を脅かす三つの敵

リーダー企業は、競争業者の標的とされる運命にある。一般に競争業者というと、同業他社を考える場合が多いが、リーダー企業転落の事例からは、業界の外にも恐ろしい敵がいる。業界を超えた競争に関しては、たとえば、マーケティング研究者のマッキャモン（1973）は小売セクターにおける競争に着目し、競争形態として次の四つを示した。

- **同業種間競争（intratype competition：本質的に同じタイプの小売店間の競争）**
- **異業種間競争（intertype competition：本質的に異なった営業タイプの小売店間の競争）**
- **システム間競争（systems competition：垂直的に統合されたシステム間の競争）**
- **自由形態間競争（free-form competition：小売コングロマリット間の競争）**

こうした業界の枠を超えた競争は、小売セクターに限ったものではない。サモン（198

図表2-1

競争の範囲

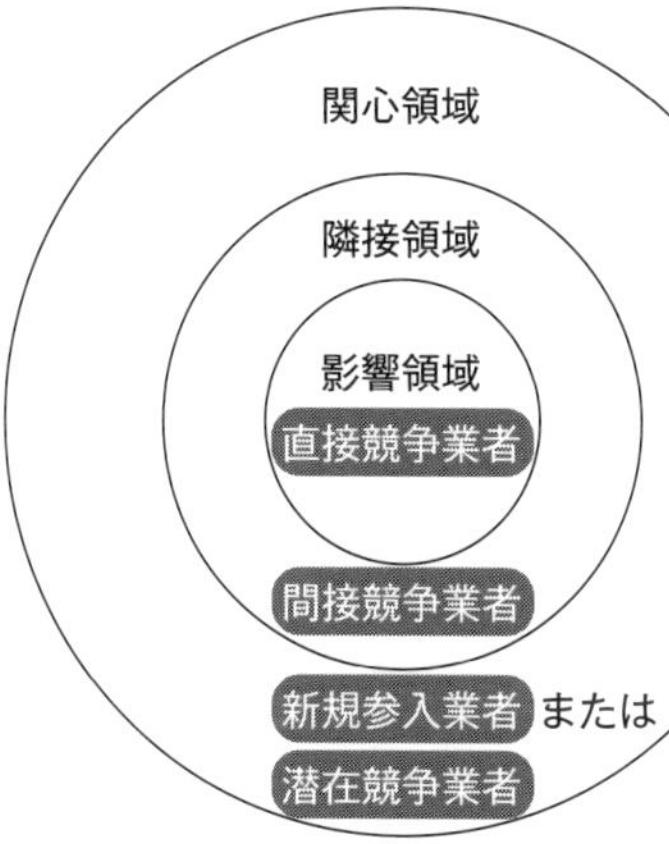

出所：サモン "Assesing the Competitlon：Business Intelligence for Strategic Management"

6）は、競争業者を分析するために、図表2－1のように、より広い範囲をカバーすべきであると述べた。この図表からは、企業に最も影響をおよぼすのは業界内の企業（これをサモンは直接競争業者と呼んでいる）であり、外側にいる企業は、より影響度が少ない間接的な競争業者と理解されてしまう可能性がある。

しかし、「同業間の競争が最も影響が大きく、異業種からの影響は相対的に小さい」という前提で考えてよいのだろうか。第1章に示した事例を見ると、むしろ逆のケースさえありえる。リーダー企業が、その地位から転落したケースを集めて分析してみると、次のような三つのタイプの競争業者が、リーダー企業に影響をおよぼしてきたことがわかる。

図表2-2

リーダー企業を驚かす3種類の敵

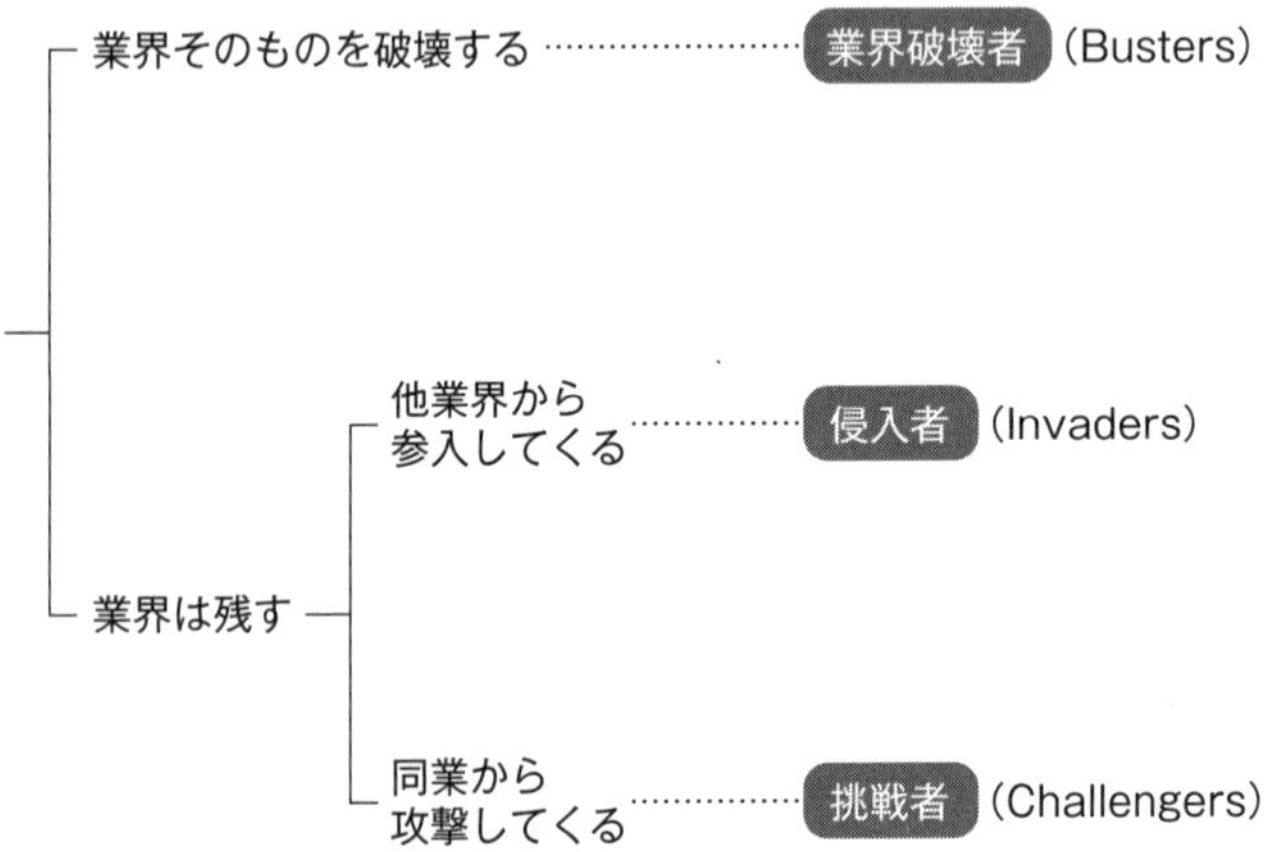

それは、業界そのものを破壊させるような競争業者と、業界は残しながらも、その中においてリーダーの地位を転落させる競争業者とに二分される。

さらに後者は、以前は別の業界にいたものが当該業界に参入してリーダー企業を攻撃するケースと、以前から同じ業界にいた下位企業がリーダー企業の地位を奪うケースとに分けられる。

この三つを分類すると図表2－2のようになり、リーダー企業を脅かす競争業者をそれぞれ「業界破壊者」「侵入者」「挑戦者」と呼ぶことにする。

そしてこの3種類の敵を、リーダー企業を攻撃するイメージ図に書くと、図表2－3のようになる。以下、3種類の敵の特徴を、順

図表2-3

リーダー企業を驚かす三つの敵

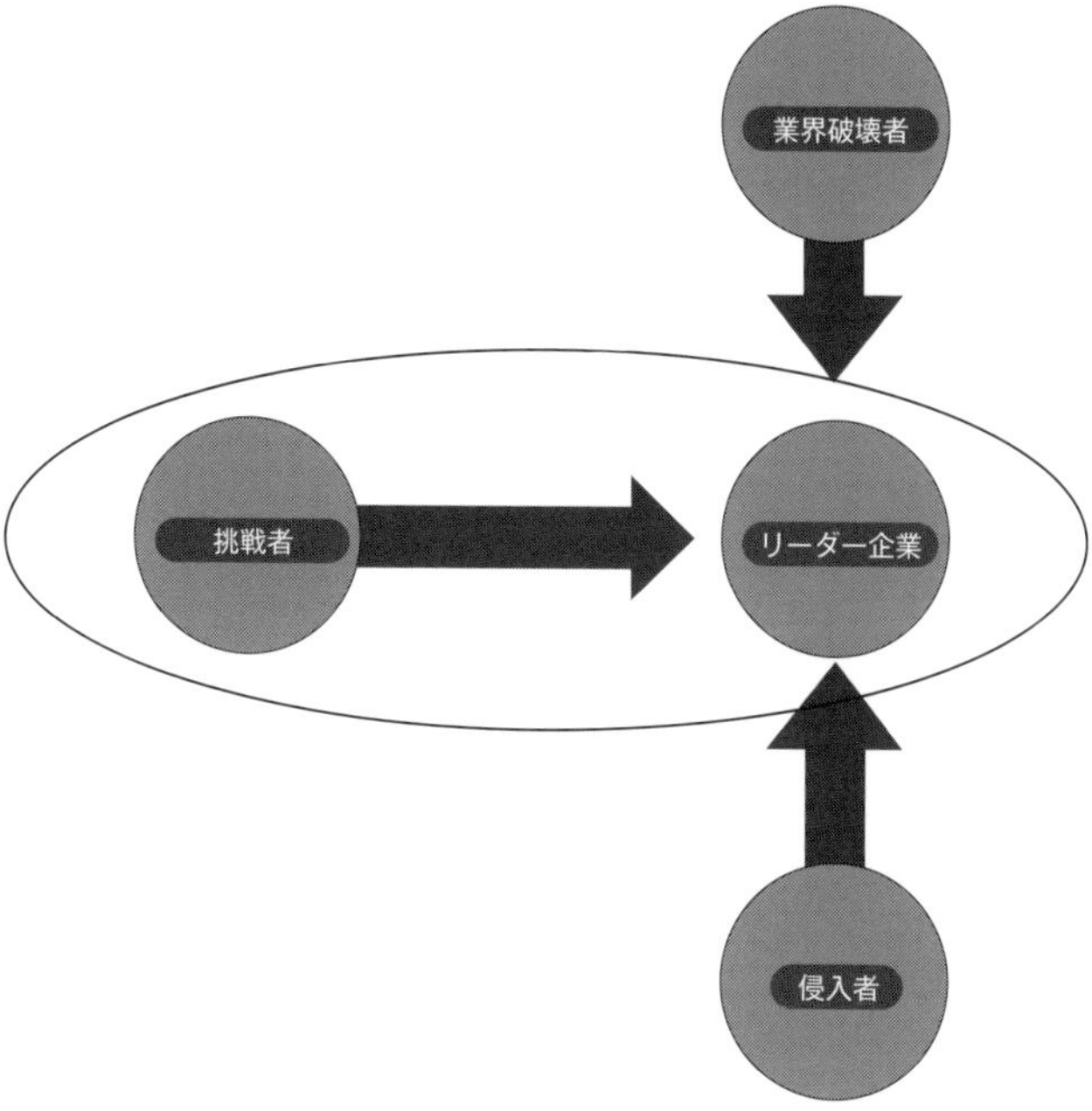

を追って述べてみよう。

(1) 業界破壊者（Busters）

業界破壊者は、「代替品・サービスによって、業界そのものを破壊してくる企業」と定義される。その業界に「参入して」リーダー企業を攻撃してくるのではなく、その業界の外から、業界そのものを破壊するのである(2)。

たとえば、リーダー企業がハードウエアにこだわっている間に、まったく別のソフトやサービスによって、その業界自体が壊滅状態になってしまうことがある。

米国のタワーレコードは、CDショップの競合企業に潰されたのではなく、アマゾンや音楽配信サービスによって潰されてしまったのであり、電子手帳はスマートフォンによって、駆逐されてしまったのである。

リーダー企業にとって、とりわけ脅威となる業界破壊者は、単なる素材の代替（例：ガソリン自動車→電気自動車）よりも、機能を同一とした別次元の代替品・サービス（例：CD→音楽配信サービス）によって攻撃してくる企業である。

(2) 侵入者（Invaders）

侵入者は、「他の業界から当該業界に参入して、リーダー企業を攻撃してくる企業」と定義される。挑戦の武器として、リーダー企業の属する業界とは異種の経営資源（マーケティング力、技術力、生産力など）を持って参入してくるケースが多い。

具体例としては、アイリスオーヤマの家電への参入や、セブン&アイ・ホールディングス、ソニー、オリックス、イオン、ローソンの銀行業参入などがあげられる。

侵入者が侵入してきた初期においては、リーダー企業は静観しているケースが多い。なぜ

図表2-4

3種類の敵とリーダー企業の対応

	業界破壊者	侵入者	挑戦者
攻撃者の本籍	異質な他業界	隣接業界	同一業界
攻撃の武器	機能の同一性	異種の経営資源	リーダーが追随しにくい差別化
攻撃初期のリーダーの対応	自社の敵とは認知できない	侵入者の戦略を静観	動揺
転落の兆候	売上高の減少	シェアの減少	シェアの減少
転落の指標	業界の消滅	首位からの転落	首位からの転落

ならば、別の業界からの敵の出現のために対抗策を立てようにも、どのような戦略を打ってくるのか予想できず、そのため、まずは様子を見る必要があるからである。

たとえば、ソニーが家庭用ゲーム機業界に参入してから任天堂が対抗機種を発売するまでには、2年近くの時間を要した。

侵入者には、その企業の本籍から見た場合、

①異業種企業

②元買い手企業

③元供給業者

の三つが代表的である（他に146ページで述べるユーザーもありえる）。

異業種からの参入は、似たようなコア技術

を持つ隣接業界（例：家電から通信機器へ）から参入してくる企業が多い。資生堂に対する富士フイルム（化粧品への参入）、武田薬品工業に対するキリンビール（医薬品への参入）などがこれにあたる。

第二に、これまで自社が商品・サービスを供給していた買い手企業も突如、競合企業となることがある。なぜならば、一般にノウハウは、より川下の方に蓄積される傾向が強いからであり、そのノウハウをもとに買い手自らが事業化するケースは多い。

たとえば、産業用ロボットでは、ファナックや安川電機のような専業メーカーが優位であった。しかし、買い手が自社のラインで使用していくにつれ、買い手側に使い方のノウハウが蓄積されてきた。そこで買い手がそのノウハウをもとに、ロボットを自社開発するようになった。パナソニック、シチズン時計、ヤマハ発動機などは、もともとはロボットの買い手であったが、それが内部開発し、外販事業に進出してきた例である。

また、半導体に関しても、かつては半導体メーカーから購入していた企業が、製品差別化の鍵が半導体技術にあると判断し、自社で内製化し、蓄積されたノウハウを元に外販した例も珍しくはない。音楽用ＩＣを外販しているヤマハなどは、この例にあたる。

第三に元供給業者の脅威とは、これまで部品や材料を提供してくれていた供給業者が、自ら完成品に乗り出し、突如として競合企業となって現われてくるケースである。これまで列車の座席を旅行会社に供給していたＪＲが、自ら旅行事業に進出した例がそれにあたる。

(3) 挑戦者（Challengers）

挑戦者は、「当該業界の中において、リーダー企業を攻撃してくる企業」と定義される。トヨタ自動車に対する日産自動車、花王に対するライオン、ＮＴＴドコモに対するＫＤＤＩ、日本生命に対する第一生命などが、これにあたる。

通常、リーダー企業はチャレンジャー企業に比べて、相対的に優位な経営資源を持っているので、挑戦者の攻撃に対してもその資源の優位性を武器に、落ちついて対応できることが多い。

しかし、挑戦者がリーダー企業にジレンマを引き起こすような戦略で攻撃してきた場合には、リーダー企業は動揺を見せるケースが多い。なぜならば、これまでの対抗パターンが通用しないからである。

(4) アフラックに挑む三つの競争業者

前述した三つの競争業者を、ガン保険のリーダー企業であるアフラック生命保険会社を例に考えてみよう。

アフラックの挑戦者は、同業の中にいる。ガン保険は、以前は規制により日本の大手生保は単独では販売できず、外資系の旧アメリカン・ライフ・インシュアランス・カンパニー（現メットライフ生命保険）やチューリッヒ生命などが参入していた。

侵入者には、2000年の第三分野（生保でも損保でもない分野。ガン保険はこの範疇《はんちゅう》に入る）への日本の大手生保の参入解禁により参入してきた日本生命保険や東京海上日動あんしん生命保険などがあげられる。

また、2006年からは、異業種参入のオリックス生命が医療保険「Ｃｕｒｅ」を発売し、アフラックを脅かしてきた。業界では、アフラックの「Ｅｖｅｒ」対「Ｃｕｒｅ」競争と呼ばれた。Ｃｕｒｅは、「シンプルでリーズナブル」というコンセプトで、保険料も安めに設定しており、店舗を増やしていた「ほけんの窓口」のような対面型販売店でも売りやすい保険であった。

業界破壊者には、医薬品会社や医療検査会社などがあげられる。ガンの特効薬が生まれれば、ガン保険は加入者が減るし、ＤＮＡ検査などにより、ガンになる確率が正確に予測できれば、保険というビジネスが成り立たなくなる。保険は「確率」だからビジネスになるのであり、それが「確実」になった瞬間、ビジネスではなくなってしまう。

このようにアフラックを攻撃しようとする企業は、単に生保業界にとどまらず、思わぬところからやってくることが理解されよう。

3 リーダー企業転落の引き金

リーダー企業が転落していった事例を見ると、多くの場合、競争業者が攻撃を開始する引き金（トリガー）となる環境の変化がある。それらを大別すると、非連続的技術革新、ユーザー・ニーズの変化、法律・制度の変更があげられる。ここでは、トリガーとなる三つの環境変化を順に見てみよう。

(1) 非連続的技術革新

非連続な技術革新を持って競合企業が参入してきた場合には、競争構造が全面的に塗り替えられるケースが多い。最近ではこうした非連続的変化、それも図表2－5のような一度左から右にふれたら、右から左には戻らない不可逆的な変化が数多く起きている。

こうしたケースでは、従来技術の中でいかに最高の効率を発揮したとしても、その効果は、新しい技術の効果と1ケタ以上劣ることが特徴である。たとえば、放送局用の画像送り出し

図表2-5

非連続的・不可逆的技術革新

非連続的変化	製品例
物理現象 → 電子現象	水銀体温計 → 電子体温計
アナログ → デジタル	レコード → CD
接触 → 非接触	磁気カード → 非接触 IC カード
電磁気 → 光	フロッピーディスク → 光ディスク
内燃機関（エンジン）→電気（モーター）	ガソリン車 → 電気自動車

出所：山田英夫「競争優位の規格戦略」を一部修正

システムは、アナログの時代のテープ系からデジタル時代にはディスク系に変わった。ディスク系のメリットは、テープをつなぎ合わせることなく編集ができる。変換や複写も容易で劣化もなく、編集の仕事は大幅に効率化される。

アナログの時代は、放送局用システムはソニーやパナソニックの寡占であった。彼らはキー局から系列の地方テレビ局、番組制作のプロダクションをまとめて獲得していた。

しかし、地上波のデジタル化を契機に、その市場はNECと東芝がとるようになった。ハードディスクをベースとした放送局用システムは、コンピュータそのものであり、コンピュータ技術に優れるメーカーが市場を支配するようになったのである。

また、アナログの時代は放送局の技術者が機器やテープの修理ができたが、デジタルの時代になると、放送局の技術者では対応しきれず、バックアップとしてもう1システム導入する放送局も多く、これは特需となった（特に民放の場合には、番組が流れないこと以上に、CMが流れないと損害賠償問題になるため、バックアップ・システムは必須であった）。

非連続的技術革新において重要なポイントは、一世代前のリーダーは、その世代の技術を最高レベルにまで高めていく使命を担わされており、そのために次世代の技術への着手が遅れたり、腰の座らない取り組みになるため、次世代のリーダーになれないことが多いということである。

非連続な技術革新は、参入企業を大きく変えてしまう可能性も持っている。前述のように、デジタル時代の放送局用システムは、ソニー、パナソニックではなく、過去はほとんど納入実績がなかったＮＥＣ、東芝が主流になりつつある。

このような技術の不連続期には、「攻撃側の企業の方が、防御側の企業よりも有利である」と言われる。その理由としてフォスター（１９８６）は、以下のような点をあげている。

・技術が限界にたどりつくと、それらをさらに進歩させるには、ますます費用がかさむ。
・新しいアプローチは、業界をリードしている企業があまり開発に手をつけていない技術に基づくことが多い。
・新技術の攻撃がはじまっても、トップ企業は型通りの経済分析しかしないため、それと気づかない。
・攻撃側企業は、万全の臨戦体制を整えている。
・防御側企業は、長年のゆるぎない経済的成果に守られ、従来の方針を良しとする陳腐な経営に安住している。

さらにクリステンセン（1997）は、米国のハードディスク・ドライブの研究から、技術の不連続期にリーダーが転落する理由として、必ずしもリーダー企業内で次世代技術が研究されていないからではなく、「現在の顧客ニーズを聞き過ぎるため」という指摘をしている。企業が顧客のニーズを聞くというのは、経営の原点であり、至極当然である。しかし、現行のヘビーユーザーの声を聞くと、「改善」の提案は出てきても、「革新」の提案は出てこない。ヘビーユーザーは、現行技術をベースに事業を行なっているからである。したがって、その声に忠実であろうとすると、結果的に次世代技術に出遅れてしまうのである。

これらの理由から、現行技術に立脚したリーダー企業は、非連続な次世代技術を持って攻撃してくる競合企業に対して、その地位を危うくしてしまうことがある。

図表2-6

ユーザー・ニーズの変化と競争構造変革の例

ライフスタイル・価値観の変化	競争構造変革の例
就業女性の増加	小売業 vs. 通販業 訪問業者の衰退
健康志向	医薬品業 vs. スポーツ産業
所有と利用の使い分け	小売業 vs. リース・レンタル・シェアリング業
ワークスタイルの変化	不動産業 vs. 通信業

(2) ユーザー・ニーズの変化

ユーザー・ニーズの変化が、競争構造を変えてしまうことがある。異分野からの競争業者がユーザーのニーズをうまくつかみ、瞬く間に業界を壊滅状態に追いやってしまうケースも起きている。ここで重要なのは、「企業が想定している競争相手」と「ユーザーが考えている競争相手」が必ずしも一致しないことである。同業の企業間で競争している時代ではなくなったのである。

たとえば、元本割れしたくないお金をどこに預けるかと考えた場合、どこの銀行がよいかと銀行間で悩むのではなく、銀行の定期預金か、郵便局の定額貯金か、証券会社の国債か安全性の高い社債かということで悩むのであり、金額と期間とリスクを勘案して最も適したところに預けている。規制緩和により金融商品の垣根は低くなっているが、消費者は規制緩和以前から、とっくに異業種の乗り入れをしているのである。

競争とは本来、敵を定め、敵の弱点を探し、それを自社の強みで攻撃するというのが原則であるが、「どこと競争しているのかわからない」という状況は、それだけで事業基盤を危うくする可能性をはらんでいる。

●他業界を喰ってきたスマートフォン

スマートフォン（スマホ）は、もともとは通話が目的の携帯電話が進化したものであり、スマホが1台売れると統計上は、電話が1台売れたことになる。しかし、その普及とともに、他業界の製品を喰ってきた。

まず相当の打撃を受けたのが、腕時計業界である。特に若者にとっては、片時も離さず持っているスマホがあれば、わざわざ腕に時計をつける必要もない。左腕を上げて〝時計を見る〟ジェスチャーの意味が通じるのは、40歳代以降の世代である。

次に打撃を受けたのが、低価格のデジタル・カメラである。スマホに搭載されたカメラの画素数が向上するにつれて、ちょっとしたスナップ写真、思いがけない写真の主流はスマホ

図表2-7

スマートフォンが喰ってきた業界

・腕時計	・デジタルカメラ
・ICレコーダー	・ビデオカメラ
・歩数計	・ナビゲーション
・携帯音楽プレーヤー	・鍵
・電卓	・PDA
・ゲーム機	・電子辞書
・コミック誌	・夕刊紙
・時刻表	・懐中電灯

にとって代わられた。今はWi-Fi機能付きデジカメもあるが、スマホの強みは、撮った写真をすぐに他人に送信できることであり、写真の新たな用途(たとえば、離れたところにいる人との買い物の確認や共有)も生まれてきた。

他にもスマホが喰ってきた業界として、図表2-7のようなものがあげられる。スマホは、他業界の需要を喰うために開発されたわけではないが、結果的にはスマホが〝業界破壊者〟になってきたのである。

(3)法律・制度の変更

リーダー企業が転落する3番目のトリガーとして、法律・制度の変更があげられる。法律・制度の変更には、①規制緩和、②規制強化、③新制度・新規格の制定の三つがある。

①規制緩和

これまで参入を制限していたような法律・制度が取り払われると、他業界からの参入が容易になる。規制緩和によってまったく新しい競争が生まれる可能性がある。

過去の法律・規制のもとに守られてきたリーダー企業は、規制緩和後の競争状況においては、競争の相手、地域、方法のすべてにわたって戦略を練り直す必要に迫られる。従来通りのやり方を続けた場合には、転落の可能性が高いからである。

●受託専門を確立したシミック

シミックホールディングスは、1985年に日本で初めてのCRO（医薬品開発機関）企業として設立された。2005年に薬事法改正があり、製薬企業はそれまでの製造承認から製造販売承認に緩和された。前者では、製造は自社で行わなくてはならないが、後者では製造を外部に委託しても医薬品の販売が認可されるようになったのである。

これを機にシミックは、2005年にはCMO（医薬品製造委託）業務に、さらにCSO（医薬品販売委託）業務に事業領域を拡大してきた。こうした経緯を経て、いまではシミックは開発、生産、販売の三つの機能を受託できる受託専門企業というユニークなポジションを占めるようになったのである。

②規制強化

規制緩和が進む一方で、環境問題や安全性の観点から、規制の強化も行われている。これも、業界の競争ルールを大きく変える可能性を持っている。

●廃止された高速ツアーバス

規制には経済的規制と社会的規制がある。前者は産業の健全な発展と消費者利益の保護を目的としており、後者は国民の生命や財産を守り、文化的で安全に暮らせることを目的としている。前者は規制緩和の議論が出るたびに取り上げられるが、後者の中にも、既得権者が経済的規制を維持したいために利用されるものがある。その際たるものが「安全性」である。「安全性」を大義名分として出されると、正面切って反対しにくい。そのため安全性を御旗に、いまでも規制強化が進んでいる。

その一つの例として、高速ツアーバスの規制強化があげられる。高速ツアーバスは、2001年から登場した募集型企画旅行の形態であり、旅行業の免許だけで運行できた。言い換

図表2-8

ＬＣＣが高速バスより安かった路線（2018年）

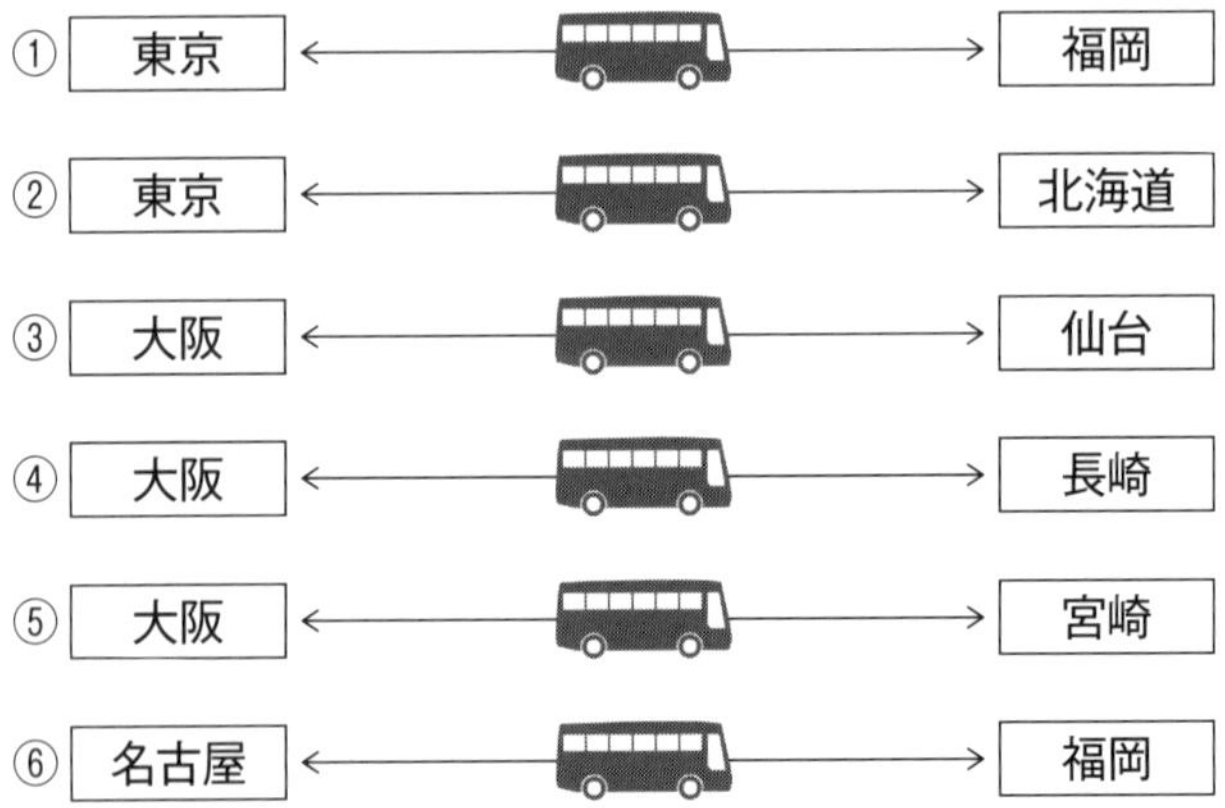

出所：「高速バスは最強じゃない!?　実はLCCで行った方が安い路線　6選」『バスとりっぷ』bushikaku.net/article/51284より筆者作成

えれば、観光を含まないA地点からB地点に移動するだけの〝旅行〟であった。料金も事前届けの必要がなく、格安の料金が人気を集めた。参入も容易であったため、多くの事業者が参入し、大都市間を結ぶ路線の一つを担うようになった。

しかし、２０１２年に関越道で高速ツアーバスの大事故が起き、様相が変わった。事故の原因として運転手の過労運転、ツアーバス運行の多重下請け構造、責任の不明確さが指摘された。

事故を契機に、国土交通省は規制強化に乗り出した。制度としての高速ツアーバスを廃止し、道路交通法で安全確保の義務を負う「乗り合いバス」に移行することにした。

旅行会社も、バス事業の認可を取ることが

義務づけられ、自社で車両を保有したり、人員の確保も求められた。これによって、体力のある企業しかこの分野には残れなくなり、かつ安全確保のためのコストが大幅に増え、格安であった料金は、値上げせざるをえなくなった。

それに追い打ちをかけたのが、格安航空会社（ＬＣＣ）の登場である。ＬＣＣの方が高速バスより安い路線も出てきた（図表２－８参照）。高速バスとＬＣＣの競争が一番激しかったのは、「関西─福岡」であり、両者の料金はほぼ同じであった(3)。

高速バスは、規制強化とＬＣＣによる攻勢という二つの敵と戦わなくてはならなくなったのである。

●甘い誘惑への包囲網の中のコカ・コーラ

日本コカ・コーラは、日本における清涼飲料業界のリーダー企業である。その強みは、日本全国に設置された自動販売機の数だと言われている。清涼飲料は、喉が渇いたときに飲みたい商品であり、典型的な「最寄品」である。そのため身近にある自販機が多いことは、圧倒的に有利だった。

日本コカ・コーラは、リーダー企業の戦略定石である同質化（模倣）戦略を忠実に実行してきた。他社のヒット商品を上手く模倣し、自社の自販機に入れ、シェアを奪うやり方である。ジョージアは上島珈琲の缶コーヒー、爽健美茶は伊藤園のおーいお茶、アクエリアスは大塚製薬のポカリスエットなどを模倣したものである（他にもカルピスウォーターを模倣したアンバサ・ホワイトウォーター、ハウス食品やサントリーなどを模倣した「い・ろ・は・す」などもある）。

こうした同質化戦略がとれたのも、フラグシップ製品とも言える炭酸飲料のコカ・コーラが圧倒的に強かったからである（日本企業からもコカ・コーラの類似品が出たが、ほとんど駆逐されてしまった）。米国ではコーク依存症は日本よりはるかに強く、それゆえに、糖分を控えたダイエット・コークが非常に売れている。

こうした中、世界では砂糖税（ソーダ税）が導入される国が増えてきた。砂糖が肥満の原因であり、それが成人病の原因となるため、砂糖に課税することで国民の健康を守ろうという動きである。英国をはじめ、米国、フランス、アイルランド、ベルギー、メキシコなどで導入済みである。

現在は砂糖税が導入されていない新興国でも、経済の成長とともに砂糖離れは進むと予想される。たとえば、従来砂糖を入れて飲むのが普通であった中国でも、烏龍茶は無糖で飲む比率が高まっている。

コカ・コーラは「カフェイン、砂糖、炭酸」という体が欲する成分を柱としてきたが、その「強み」が、健康志向の高まりの中で、「弱み」に転じる可能性が高まってきたのである。

こうした状況において日本コカ・コーラは、2019年に「檸檬堂」を発売し、創業以来手を出してこなかった酒類への進出をした。自社の事業ドメインを変えて、勝負に出てきたと言えよう。

③新制度・新規格の制定

時代の流れとともに、古い制度や規格が、環境や社会のニーズに合わなくなり、新しい制度・規格が制定されることがある。これも他業界の企業にとっては、新規参入の絶好のチャンスである。

●業界の境目を低くした登録販売者

過去、ドラッグストア業界とコンビニ業界は、別々の業界であった。それぞれの業界のリーダー企業がおり、マーケット・シェアも業界ごとに算出されていた。大まかに言えば、ドラッグストアは医薬品や化粧品を中心に日用品も併売されており、利益率の高い医薬品を原資に、日用品を廉価で売るビジネスモデルであった。一方のコンビニは、立地と営業時間を武器に、日用品や食品を高回転で販売するモデルであった。

ところが、2009年に改正薬事法が施行された。この改正により、一般用医薬品の販売資格である「登録販売者」がいれば、コンビニでも医薬品を販売できるようになった。これによって、ドラッグストアとコンビニの業態としての違いは少なくなったのである。この制度変更を契機にファミリーマートなどでは、医薬品取扱店を増やし、ローソンはマツモトキヨシと協業をはじめた。

一方、ドラッグストア業界上位のサンドラッグは、日用品に食品や雑誌を加え、営業時間も拡大してきた。「登録販売者」の資格は、もともとは薬剤師以外にも一般用医薬品を販売できる人を認めようという趣旨で設立された。ところがそれが引き金になり、二つの業界の境目が低くなってきたのである(4)。

●官製値下げを強いられたJCB

2019年10月に、消費税が8%から10%に上がった。消費税を上げると特に落ち込むのが個人消費である。そのため政府は、現金でなくキャッシュレス決済をした人に、3%還元する仕組みを作った。増税による消費冷え込みを防ぐのと、世界でも低い日本のキャッシュレス決済比率を上げる二つの狙いを合わせたものであった。

図表2-9

キャッシュレス支払額と民間最終消費支出に占めるキャッシュレス比率

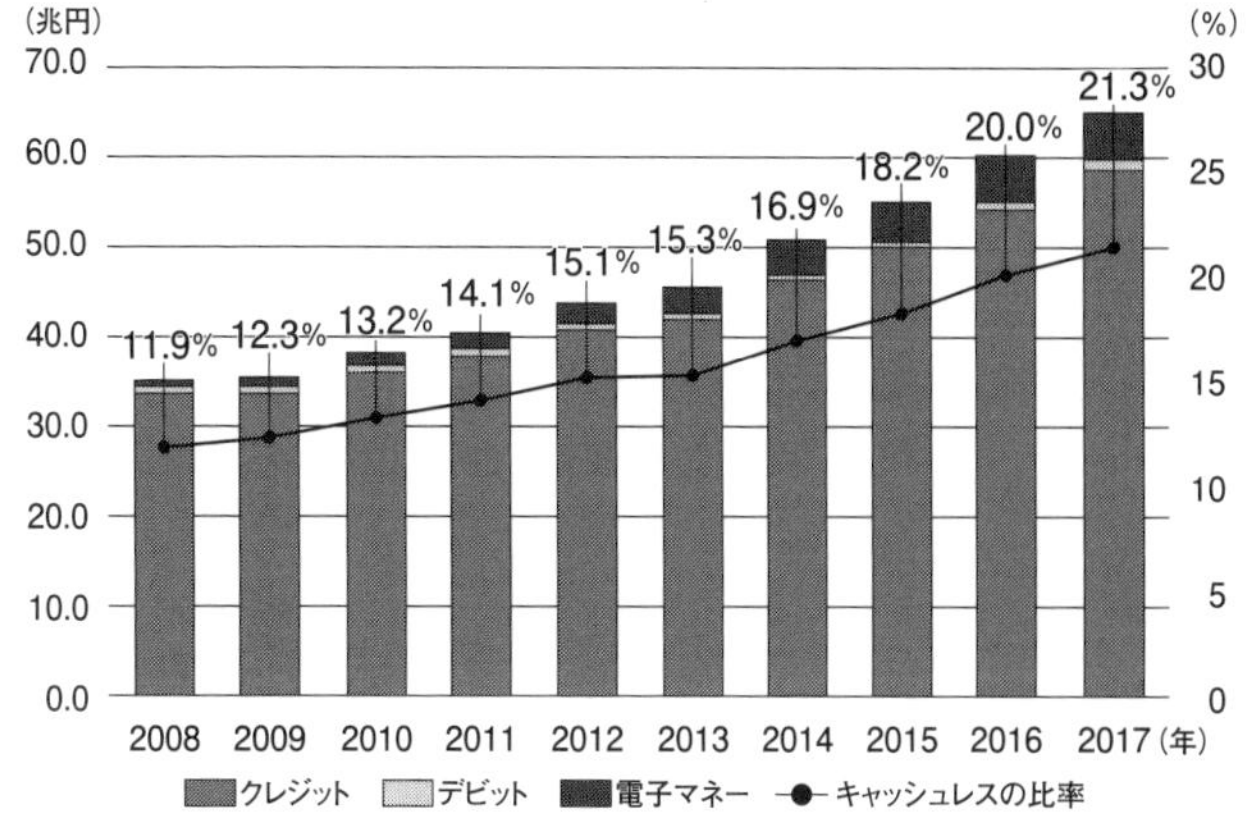

出所：『キャッシュレス・ロードマップ2019』一般社団法人キャッシュレス推進協議会

キャッシュレス化は、インバウンド客の不便解消、レジに多額の現金を置かなくてすむ防犯対策、釣り銭の調達や管理の手間軽減、決済スピードの向上など多くの効果が期待された。キャッシュレスの手段には、クレジットカード、デビットカード、非接触ＩＣカード（電子マネー）、バーコード決済などがあったが、デビットはほとんど普及しておらず、バーコード決済ははじまったばかりであった。そこで一番問題になったのが、クレジットカードにおける還元であった。

クレジットカードは、決済のたびに店舗がカード会社に決済金額の一定比率の手数料を払う。この手数料率は公開されておらず、かつ企業ごとに違っていたが、一番高かったのが、日本のリーダー企業ＪＣＢであり、ＶＩ

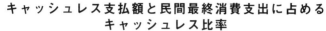

ＳＡ、マスターはＪＣＢよりも低かった（他にアメックス、ダイナースがあるが、発行枚数は、前述の3社が圧倒的に多かった。かつては、ＪＣＢの方がＶＩＳＡ、マスターより1％程度高いと言われてきた（5））。

ＶＩＳＡやマスターは、加盟しているカード会社が複数あるため、カード会社同士の競争が起きやすく、店舗から手数料を下げる交渉もやりやすかった。しかし、ＪＣＢは決済をしているのがＪＣＢしかないので競合がなく、高止まりしやすかった面がある。

キャッシュレスの推進は、特に中堅・中小企業のキャッシュレス化が期待されていた。しかし、中小の小売店などは、もともと粗利率が低いため、クレジットカードの高い手数料を払う余裕はなく、キャッシュレス化に消極的な店舗も少なくなかった。

そのため政府は、クレジットカード会社に手数料の引き下げを求めた。ＪＣＢも手数料率を引き下げざるをえず、ＶＩＳＡ、マスターと同程度に引き下げられた。政府は還元期間中、一律3・25％という手数料率の上限を設けた。このように手数料率の引き下げで一番損失を被ったのがＪＣＢであった（従来は、信用力の高い百貨店などは1～3％の手数料率であったが、信用力に劣る中小店舗は4～6％程度の手数料率であった）。

しかし、一旦、3・25％に下がった手数料率が、キャッシュレス還元の期間が終わった後に、元に戻るかは疑問である。キャッシュレス還元は、ＪＣＢにとってクレジット取扱額が増えるメリットもあったが、政府の政策により、強制的に利益率を下げられてしまったのである。

●消費税率アップで衰退する業界、成長する業界

税制の変更も、さまざまな業種に機会と脅威をおよぼす。消費税率のアップが続く環境の中で、衰退する業界、成長する業界をどう考えるべきであろうか。「毛皮や宝石などの贅沢品が売れなくなる」「レジスター会社がシステム更新需要で儲かる」というような発想は、短期的な発想である。しかし消費税のアップは、こうしたミクロの変化だけにとどまらない。

次ページの図表2－10は、各国の消費税率と個人間取引の比率をプロットした概念図である。

おおよそ右肩上がりに並んでおり、両者には正の相関がある。消費税の高い国では、消費税がかからない個人間取引の比率が高くなるのである。

こうしたデータが示されたときに、「構造的にこの業界は厳しくなる」「こういう市場が中長期的に成長する」という仮説が立てられるだろうか。具体的に、どのような産業が伸びて、どのような産業が衰退していくであろうか。

まず、衰退していく産業は何だろうか。個人と個人の間に入り、モノを右から左に仲介し

図表2-10

各国の消費税率と個人間取引の比率

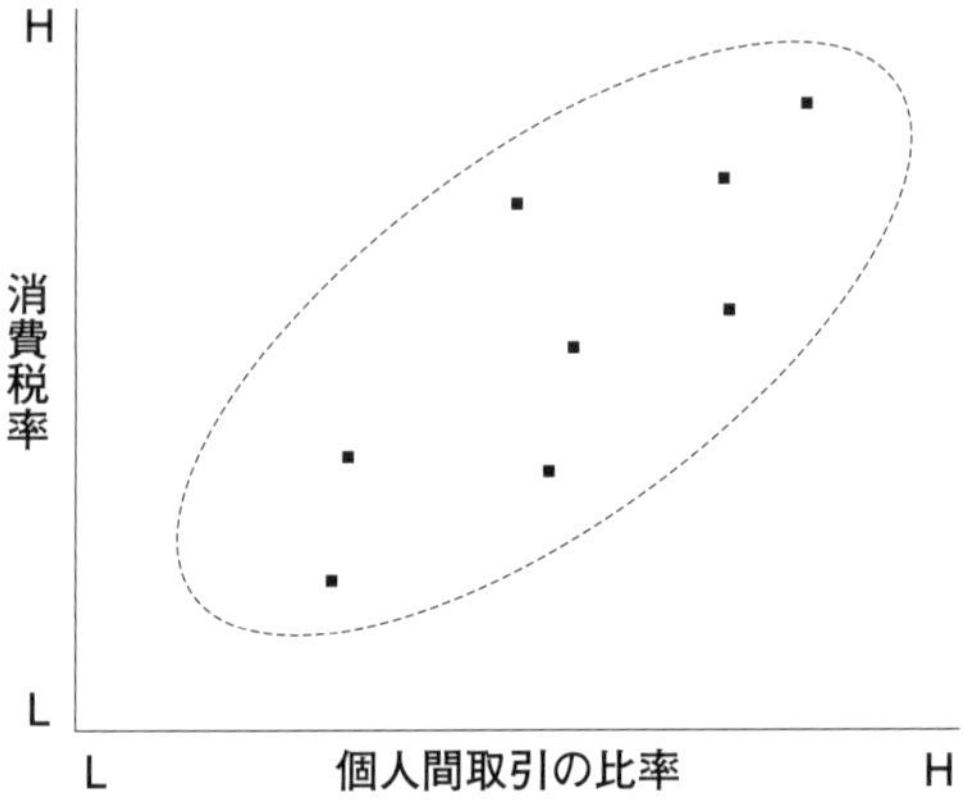

ている会社は、中抜きされる可能性がある。消費税を払いたくない人は、個人間で直接売買した方が得だからである。その可能性がある業界として、不動産仲介業や中古車販売業があげられる。米国では自家用車の背面に、「車、売ります」と貼って走っている例は多く、英国では住宅の個人間売買も多い。

反対に伸びる産業は、個人間取引の場を提供する会社である。たとえば、CtoCのサイト、オークション会社や個人間取引のための事前調査をしてくれる会社、取引物件に瑕疵《かし》があったときに備える保険会社などは、成長の可能性が高い。

また、個人間の取引で、確実に相手に代

図表2-11

環境変化がおよぼす三つの敵への影響度

	技術革新	ユーザー・ニーズの変化	法律・制度の変更
業界破壊者	◎	○	○
侵入者	○	○	◎
挑戦者	△	○	△

◎影響度非常に大　○影響度大　△影響度少

金が渡るために、高額商品をやり取りするためには、エスクロー・サービス（Escrow Service：売買の際に取引の安全性を保証する仲介サービス。当事者以外の第三者が決済を仲介して代金を一時的に預かる）も伸びる可能性がある。

以上、述べてきた非連続的技術革新、ユーザー・ニーズの変化、法律・制度の変更の三つの変化は、業界破壊者、侵入者、挑戦者に同じインパクトを与えるわけではなく、図表2－11のように、技術革新は業界破壊者に、法律・制度の変更は侵入者に、大きな攻撃の武器を与える。

(4)環境の変化と競争構造の一新

技術・ユーザー・法律制度の三つの環境変化は必ずしも単独で起きるわけではなく、複数の変化が同時に起こると、さらに大きな競争構造の変化をもたらす。以下では、規制緩和（CAB）と技術革新（CRS）に続いて、ユーザー・ニーズの変化（マイル選好）が起きたアメリカの航空業界の事例を分析することによって、そのインパクトの大きさを見てみよう。

●米国航空業界の大転換

「規制緩和と技術革新」ダブルの波

アメリカの航空業界では、規制緩和前の40年間は新規参入企業がゼロであったのに対して、規制緩和後の10年間に215もの航空会社が新規参入した。しかし、規制緩和の10年後に生き残った企業は、新規参入企業で3分の1以下であり、既存企業でさえ44％にすぎなかった(6)。

その中にあって1991年、アメリカの象徴でもあったパンアメリカン航空（パンナム）が倒産した。この背景には、規制緩和と技術革新がダブルでアメリカの航空業界に影響を与えたことがあげられる。

まず、規制緩和に関して述べる。1978年以前のアメリカは、民間航空委員会（CAB）が、新規参入、路線、運賃の許可権限を持ち、新規参入の制限、エアラインに対する補助金など、航空産業の保護・育成に努めてきた。その結果、規制緩和前の40年は新規参入がほとんどなく、先発企業の既得権益が守られてきた。

ところが、1960年代後半に、CABの規制を受けないカリフォルニアやテキサスの州内の航空会社が、CABの規制を受けるエアラインより低運賃で、かつ多くの利益をあげる例が出てきた。そして消費者からCABに対して、規制緩和を求める声が高まってきた。

それに応えるように、1978年に航空規制緩和法が成立し、それによって運賃、路線、M&Aの自由化が進んだ。そして最終的には、規制の源となっていたCABも1985年に解散したのである。

規制緩和で運賃は低下

規制下においては、距離比例制の運賃であったため、長距離路線が航空会社のドル箱であった。そのため規制緩和後には、長距離路線を中心に新規参入が相次いだ。たとえば、ニューヨークとロサンゼルス・サンフランシスコ間の路線は、1977年の3社から1979年には8社に増えた。

また、撤退も自由化されたため、採算の悪い路線からの撤退が続いた。不採算の都市では大手が撤退し、コミューターが代替したが、74の都市には航空機がまったく来なくなってしまった。路線の変化とともに、価格競争も激しさを増した。高利益率であった長距離路線において幹線会社が割引をすると、中小の会社がさらに大きな割引率で対抗する形で低価格化が進んだ。

当初は運賃の割引にはさまざまな制約条件がついていたが、時間の経過とともに、時間帯、曜日、事前の購入、空席待ちなどと割引の対象は多様化していった。全体として1978〜1988年までの10年間で物価上昇率を勘案しても、運賃は約20％低下した。

規制緩和後の対応

規制緩和直後は低価格化による需要の拡大にともない、各社の業績は順調であったが、1978年の第二次石油ショックを契機に各社は赤字に転じ、リストラに取り組みはじめた。リストラの中心は、最大のコスト項目である人件費の削減にあった。

たとえば、アメリカン航空は二重賃金制を導入し、新規採用者には低賃金を適用し、人件費の削減を図った。また、コンチネンタル航空は、レイオフが組合の反対にあったため、一度会社を倒産させて労働組合を解散させ、余剰人員を削減した。

このように大手各社は固定費の削減を進めなければ、新規参入企業に対抗できなかったのである。この時期、太平洋線というドル箱を持っていたパンナムや東海岸が中心のイースタン航空のように、業績不振になったり、倒産した会社も少なくなかった。

ハブ空港のゲートの寡占化

規制緩和以前は、各都市間を直行便で結ぶポイント・ツー・ポイント・システムと呼ばれる路線が多かった。これに対して、規制緩和後は路線認可が自由化されたため、各社は拠点となる空港（ハブ）に路線を集中させ、ハブ・アンド・スポーク・システムという車軸状のネットワークを構築した。

このシステムにおいては、主要幹線の旅客を獲得するため、大手は中小の航空会社を吸収または提携し、ネットワークを拡大していった。どこにハブをかまえ、どのようなネットワークを構築するかが、経営上の重要な課題となったのである。

そして航空需要が増大していくと、ハブ空港にもゲートの物理的な制約があるため、力のある航空会社によるハブ空港の寡占化が進行した。たとえば、1986年においてヒューストンはテキサス・エアーが72%、デトロイトはノースウェストが68%など、多くのハブ空港において1社または2社の寡占化が進行した。こうして航空業界のKFS（事業成功の鍵）は、規制緩和直後の「価格」から、ハブ空港の「ゲート」へ、そして次に述べる「CRS」へと変化してきたのである。

コンピュータ予約システムによる寡占化

規制緩和以降、運賃体系・フライトスケジュールは極めて複雑になった。予約を受ける際に空席状況や料金を確認しなければならず、何十万種類の運賃をリアルタイムで管理しなければならない。この予約管理を行うため、大手航空会社はCRS（コンピュータ予約システム）を構築した。これによって航路、曜日、時間ごとに細かな管理および価格設定が可能となった。たとえば、月末の金曜日と月初めの金曜日の価格を変えられるようになった。

CRSは、さらに発券機能やホテル予約等の旅行関係の機能も持つようになり、旅行代理店にも設置されるようになった。次第に代理店は、CRSがないと顧客に予約状況などの情報を迅速に提供できなくなったである。

CRSで先行したアメリカン航空が、自社の端末（セーバー）を旅行代理店に置いてみると、多くの顧客がディスプレーの一番上に表示された便を購入することがわかった。競争が激しくなるにつれて、価格もほぼ横並びになってくるため、顧客は一番上に表示されたチケットを求めるからであった。

そこでアメリカン航空は、ディスプレーに表示される順序を航空会社名のアルファベット順に表示させることにした。アメリカン航空の略称はAA（アメリカン・エアラインズ）であり、必ずディスプレーの先頭に表示される。このため多くの人がアメリカンのチケットを買い、ほとんど満席という状態が続いた。ちなみに当時最大のライバル企業であったユナイテッド航空の略称はUAであり、ディスプレーの最後尾に表示されるケースが多かった（こうした表示はバイアス表示と呼ばれ、米国の独禁法にふれるため禁止命令が出され、今日ではできなくなった）。

ユナイテッドやデルタも同じようなCRSを導入したが、次第にCRSにおける寡占が進んできた。1990年にはアメリカン航空とユナイテッド航空2社で、CRSのシェアは60％以上となったのである。自前のCRSを持たない会社は、いずれかのCRSに参加して、予約管理業務を代行してもらい手数料を払うようになった。

この結果アメリカの航空業界は、次第にアメリカン、ユナイテッド、デルタのCRSでの系列化が進んできた。アメリカン航空は、航空機の運行による利益よりも、他社の発券手数料からなるセーバーによる利益の方が大きくなり、アメリカンの社長は、「航空機部門は売却しても、セーバー部門は売らない」とまで公言した。

以上のような規制緩和と技術革新の結果、1978年に幹線航空会社は36社であったが、1978年から1991年までの13年間に233社が新規参入し、同期間に196社が倒産・合併により消滅し、1991年には73社になった。

マイレージによる顧客囲い込み

ＣＲＳに次いで競争の武器として登場したのが、ＦＦＰ（フリークエント・フライヤー・プログラム）であった。航空会社が行う顧客へのポイントサービスのことである。

ＦＦＰを最初にはじめたのはアメリカン航空（１９８１年）であり、マイレージを自社の無料搭乗券、アップグレード券と引き換えられるのが、システムの原型であった。

ＦＦＰが開始された背景には、企業の利益は一見客からではなくリピーターからもたらされるという米国の調査があった。全産業を平均するとリピーターは、一見客の5倍の利益を企業に与えていた。そのためリピーターをより囲い込むと同時に、そのリピーターに少しでも恩恵を与えようということで、ＦＦＰがはじまったのである。

ＦＦＰは、顧客は無料搭乗券をもらえる一方、航空会社が新たに支出する費用の増分（限界費用）はほとんどなく、顧客満足を高めるプログラムとして、非常に優れたものであった。そのため世界の大手航空会社のほとんどが、この仕組みを採用しはじめた。

さらに１９９７年のスターアライアンスの結成を契機に、マイレージは提携会社間でも交換できるようになり、これによって、マイレージをベースとした顧客囲い込みは、より強固なものになった。

利用者にとっても、どの航空会社も同じような運賃であれば、マイルのたまる航空会社を選択するのは自然である。こうしてユーザー・ニーズも変化してきた。すなわち、出張や旅行に際して、マイルをためたい（使いたい）航空会社を選択するようになったのである。

台頭するLCC

しかし、米国の航空業界の競争は、ハブ・アンド・スポーク、CRS、マイレージで終わりではなかった。第四幕の主人公となったのがローコスト・キャリア（LCC）の登場であった。そのパイオニアがサウスウエスト航空であった。

サウスウエストは2001年の米国同時多発テロ以降、イラク戦争、SARSなど、航空会社を襲った環境変化にもかかわらず、米国航空会社上位10社の中で、ただ1社黒字を続けた。その要因として、CRSやマイレージで寡占度を高めた大手3社に対して、まったく違う競争を挑んだ。

第一に、大手が使うハブ空港を避け、小さいが直行便のニーズが高い二つの空港の直行便を開拓した。大手のハブ・アンド・スポークシステムは、航空会社側の論理で組み立てられたものであり、需要があり直行で行ける拠点間でも、航空会社が直行便を配置しなければ、乗り換えを余儀なくされていた。

これに対してサウスウエストは、需要がある程度存在する2点間を結び、料金、時間の面で消費者にメリットのある仕組みを作った。大空港を使わずにすむため発着料も安く、かつ他社便の遅れに影響を受けることも避けられた。さらに、他社便との荷物の受け渡しにかかわる時間やミスも避けることができた。

第二に、その直行便を大手の2分の1から3分の1という低価格運賃で運航した。これはサウスウエストのライバルは航空会社ではなく、車であるというポリシーからきている。

第三に、安く運航するために、飛行と直接関係ないサービスを廃止した。まず、1時間のフライトであれば、食事を出してもすぐに回収しなくてはならず、食事を出さない方がサービスになると考えた。また、座席も指定せず、先着順に機内に案内する仕組みとした。これにより発券コストが減り、システムも単純になった。

第四に、全機種をボーイング737に統一した。これによって、パイロットや客室乗務員は一機種に慣れれば、すべての便に搭乗することができ、さらにパイロットの免許や訓練、部品在庫なども、最小限に抑えることができる。さらに全機種が同じことから、メンテナンス上のミスも減らせ、安全性の向上につながった。ちなみにサウスウエスト航空は創業以来、乗客の死亡事故は1件のみである。

第五に、米国の航空会社のターン時間（着陸してから離陸するまでの時間）が当時平均55分であったのに対して、サウスウエストは15分でターンできた。航空会社は、飛行機を飛ばして初めて利益を得るのであって、止まっている飛行機は利益を生まない。

乗り込む時間を短縮するため、座席を指定せず、食事の積み込みもなく、皆が協力して機内清掃も速やかに行う。他社便との荷物の連絡も少ない。サウスウエストのすべての仕組みが、15分でターンできるために組まれていたのである。仮にサウスウエストが、米国の他社並みにターンに55分かかるようになると、サウスウエストは3割余計に航空機を保有しなくてはならず(7)、そうなるとこれまでサウスウエストが出してきた黒字は、ほとんどなくなってしまう。

このような仕組みにより、サウスウエストは黒字を続けてきたが、大手航空会社はサウスウエストのやり方を真似たくても、真似できなかった。

第一に、大手は長距離と短距離を組み合わせたハブ・アンド・スポーク・システムで利益が上がる仕組みを作り上げていたため、直行便主体の航路に組み替えることができなかった。また飛行距離がさまざまなことから、航空機を一機種に統一することは不可能であった。

第二に、大手はたとえ発着料が高くとも、利用客数の多いハブ空港を使わざるをえなかった。大手はハブ空港に、過去相当の投資をしてきたからである。

第三に、食事などのさまざまなサービスがついて現在の価格がつけられているので、食事などを廃止したノン・フリルサービスに追随すれば、価格を下げざるをえない。値下げの影響が大きいのは、業界上位の企業である。

第四に、コストや時間を削減するために、従業員の多能工化を進めようと思っても、職種別組合の厚い壁があり、急な変更はむずかしかった（サウスウエストは、採用時から複数の仕事をこなす条件で採用してきた）。

このようにサウスウエストは、大手企業が追随したくても追随できない仕組みを持っており、そのため今日でも競争優位を維持し続けている。

大手の中には、自らLCCをはじめ、対抗しようという動きもあった。ユナイテッド航空のシャトル・バイ・ユナイテッドとTED、USエアウェイズのメトロジェット、デルタ航空のソングなどがあった。

中でも象徴的であったのが、コンチネンタル・ライト航空であった。同社は1993年にLCCのコンチネンタル・ライトをはじめた。コンチネンタル・ライトはサウスウエストに対抗するために設立され、ポイント・トゥー・ポイント、ノンフリルサービス、迅速なターン時間をまねたが、座席指定、マイレージプログラムは、親会社のコンチネンタルとシェアした。しかし、現実にはLCCのため運賃収入は少なくなり、コストは親会社並みにかかってしまい、2年間で撤退した。

大手が設立したLCCは総じて失敗に終わり、「ローフェア（低運賃）の航空会社にはなれたが、ローコストの航空会社にはなれなかった」のであった(8)。

三グループに集約されたアライアンス

ＬＣＣは各国で成長しており、中でもサウスウエストを模倣したアイルランドのライアンエアーと英国のイージージェットは成功事例と言われている。アジアでもＬＣＣは成長している。また、一部にはＬＣＣ同士のアライアンスもはじまっている。アライアンスとは、異なる企業が利益を生み出すために協力し合う経営スタイルのことである。

ただ世界の航空業界の中心は、大手企業のアライアンス抜きには語れなくなってきている。人やモノがグローバルに動く今日、複数の路線を乗り継いで目的地までいく乗客は少なくない。一方で、航空会社がすべての路線を自社で運行した場合の、利益は上げにくくなっている。そこで求められてきたのが、アライアンスである。

世界のアライアンスは、米ユナイテッド、独ルフトハンザ、シンガポール航空、全日空などが加盟する「スターアライアンス」、米アメリカン、英国航空、日本航空などが加盟する「ワンワールド」、そして米デルタ、エアーフランス、ＫＬＭオランダ航空などが加盟する「スカイチーム」の三つに集約された。

全日空を例にとれば、規制があったため、日本航空が先に航路を自社開拓した国際線に関して、スターアライアンスに加盟することによって、一気に世界ネットワークを持てるようになった。アライアンスに加盟すると、自前でない路線をコードシェアという形で取り込むことができ、空港ラウンジや機内食工場の共用などでも相乗効果を見込むことができる。

アライアンスは魅力的ではあるが、三陣営に分かれてしまっていることから、必ずしも相手国のナンバーワンの企業と組めるわけではない。「組みたい相手と組めない」ジレンマもある。また、ハワイアン航空のように、陣営から離脱する会社もある。

こうした中、UAEのエミレーツ航空は、三陣営には加わらず、各国の個別の航空会社と提携して、柔軟な路線を作り上げている。また、従来スカイチームに加盟していた中国南方航空も、アライアンスから離脱し、独自路線を歩もうとしている。

グローバル化のトリガーであったアライアンスが、逆に戦略の柔軟性を失わせる可能性も出てきたのである。

4 なぜ、リーダー企業は対応できないのか

前項で述べたような環境変化は、リーダー企業だけではなく下位企業にも、影響を与える。しかし、過去の事例を見ると、下位企業の方が早目に変化を察知して他分野へ転身するなど

しているのに対して、なぜかリーダー企業は迅速な対応がとれていない。

(1) 先行研究による説明

こうした現象に関しては、本書の初版が上梓されて以降、多くの研究がなされてきたが、代表的なものとして、以下の二つをあげることができる。

①『イノベーションのジレンマ』

リーダー企業は資本力にも技術にも優れるケースが多いため、次世代技術の開発にも着手している場合が多い。クリステンセン（1997）もリーダー企業が転落するのは、社内に次世代技術の蓄積がないからではなく、技術があっても現在の顧客の声を聞きすぎるために、転換が遅れると述べている。こうした現象を「イノベーターのジレンマ」と呼んだ。

しかし、社員間のコミュニケーションを重視してきた日本企業において、自分の隣に座っている技術者を〝不要〟にしてしまう技術を開発することは、いろいろな支障も生む。そのため現在の主力事業を否定するような技術や事業を開発する場合には、当事者同士が直接、顔を合わせないような工夫が必要である。

特に新しい事業が主力事業より利益率が低く、新規顧客固有のニーズに応える必要がある場合、独立した組織を設置することは有効である。

ちなみに、複数のビジネスモデルを共存させた方が得か、切り離した方が得かに関しては、次の2項目が指摘されている（カサデス＝マサネル＆タルシハン2012）。

①複数のビジネスモデルが、物理的資産をどの程度共有しているか。

②事業から得られる経営資源とケイパビリティ（組織能力）は、どの程度、互換性があるか

ブリティッシュ・エアウェイズ、コンチネンタル航空、KLMオランダ航空、デル航空など、複数のビジネスモデルを共存させようとして失敗した航空会社の事例は山ほどあるが、逆に言えば「複数のビジネスモデルの展開はリスクではなく、むしろ戦略家の新しいツールである」（前掲書）とも言えるのである。

②『両利きの経営』

しかし、隔離だけでは新規事業が育たないという問題も出てきた。一般に企業の活動には、「深化（exploitation）」と「探索（exploration）」がある。

「深化」は、既知の認知範囲を深掘りし、磨き込んでいく活動である。それは既存事業に相当し、漸進型の改善、顧客への細心の注意、厳密な実行が成功の要因である。

一方「探索」は、自社の認知範囲を越えて遠くに認知を広げる行為であり、新規事業に相当し、その成功要因はスピード、柔軟性、失敗への耐性である（オライリー&タッシュマン2016）。

成功すればするほど深化に傾きやすく、イノベーションが起こりにくくなり、企業が永続していくためには、「深化」と「探索」の両方ができる能力を「両利きの経営（ambidexterity）」と呼んでいる。

両利きの経営の考え方は、突然出てきたものではなく、30年ほど前から論じられてきた。両利きの経営の研究の端緒となったのは、マーチ（1991）の研究であり、彼は「組織の基本的問題は、現在の生存能力を確保するために十分な深化活動に関与すると同時に、未来の生存能力を確保するために十分なエネルギーを探索活動に捧げること」と述べ、深化と探索という二つの概念を提起した。彼は既存事業の効率化や強化を目指す深化と、新しいことをやるための創造や実験を目指す探索との間にはトレードオフがあり、そのバランスをとることがむずかしいと指摘した。

さらに、「両利き」という言葉を初めて使ったのはダンカン（1976）であり、その概念をタッシュマン&オライリー（1996）などが、組織論の中で発展させてきた。

両利きの経営の考え方では、新事業の立ち上げ時は既存事業のやり方に左右されないように、小規模な組織を作る。ただし、新事業を大きく育てるためには、既存事業の持つ顧客基盤や情報・技術などの強みを生かす。それを生かさなければ、スタートアップ企業と変わらなくなってしまうからである。

(2)日本の大企業が持つ組織上の課題

前項では、組織に潜む普遍的問題点を先行研究から示したが、さらに日本の大企業に起きがちな要因を加えておく必要があろう。以下、五つの面から見てみよう。

①成功パターンの刷り込み

過去の成功蓄積がかえって次の展開を妨げてしまう現象は「過剰適応（over-adaptation）」と呼ばれ、かつての日本軍組織がその典型例と言われている（戸部良一他 1984）。西南戦争や日清戦争での戦果を通じて強化された精神主義、白兵重視の日本軍のパラダイム（基本的思考枠組）が、戦略的使命の定義、資源蓄積、資源展開のあり方を根底から規定してしまい、環境のまったく違う第二次世界大戦にまで、維持されたのであった。これは、「過去の環境に対して適応しすぎたことにより、新しい環境の変化に対応できない」ことを示している。

これを組織の構成員のレベルから見てみると、リーダー企業の構成員には、若い時期の成功体験の「刷り込み（imprinting）」があり、その後の行動を制限してしまうことがよく起きる。「刷り込み」とは心理学・生物学の用語で、「生後早い時期に短期間に行われ、一生忘れることのない学習」のことである。企業が本業を中心に拡大を遂げてきた過程の中で、特に、リーダー企業の現トップ・マネジメント層には、若い頃に自分が体験してきた「成功パターン」が刷り込まれており、環境が大きく変わってしまった今日においても、当時と同じやり方しか発想できない人が多い。そのため、そうしたトップから号令が出るときには、かつての「成功パターン」が繰り出されることになる。

さらにこれまでの成功パターンを否定するということになれば、自分自身を否定することにもなりかねず、「従来のパターンが通用しなくなってきたのではないか」と頭で気づいていても、それを言葉に出せない場合もある。

たとえば、生命保険の販売に関しては、これまでは営業職員数と営業職員への叱咤激励が、契約件数や金額を決定する大きな要素であった。かつては営業職員数と契約金額は、比例関係にあった。したがって上位の生保企業では、多かれ少なかれ、この二つの要素に全精力を傾けて営業活動を行なってきた。

実際、これまでの生命保険の売り方は、営業職員が職場や家庭に何度も足を運び、最初は雑談、そして腕時計につけるカレンダー（またはテレビガイド：いずれも1カ月で使えなくなるのがミソ）、次にバレンタインのチョコレートと進み、顧客との関係がある程度できてきた段階で、保険の企画書が提示された。加入する方も、「ここまでされたから」と加入するケースが多かった。ちなみに2018年の生命保険文化センターの調査によれば、営業職員を通じて加入したという人が53・7％もいる(9)。

しかし、金融の自由化が進み、倒産する保険会社もあり、加入する側にとっても、これまでのように「顔なじみだから」というわけにはいかなくなった。保険は、人生の買いもの中で、住宅より安く自動車よりも高い高額商品だからである。また、企業のセキュリティが強化され、会社の中に営業職員が入りにくくなってきた。

下位の生保では、インターネットや通販を主とした保険を開発したり、ソニー生命などは、ファイナンシャル・プランナーの資格を持つ営業マンによって、他社の既契約者をメイン・ターゲットとして合理的な根拠を示し、既契約の見直しを進める売り方をしている。既契約者をターゲットとした理由は、「保険の必要性はすでに理解しているから」である。

また、ライフネット生命などは、ネット通販により、安い保険料で保険を提供している。しかし上位の日系生保では、トップ層に刷り込まれた過去の成功のパターンは根深く、営業職員ルート以外の開拓は、あまり進んでいない。（二位の第一生命は、オンライン販売を2020年度から開始予定である）。

②カニバリゼーション

リーダー企業は、既存事業で大きな売上を上げている。経験曲線の理論から言えば、リーダーは最大の累積生産量を持っているため、業界で一番安いコストで生産でき、売値が一定とすれば、一番高い利益率を享受することができる。本業の売上が下がることは、利益率の低下につながるため、できるだけ避けたいのが本望である。

しかし、本業を代替(リプレース)するような新製品・事業が出てきた場合には、既存事業と新事業との間で、カニバリゼーション(事業の共喰い)が起きてしまうため、できるだけその投入を先送りしようとする。

たとえば、カメラの世界では、2008年にミラーレス・カメラが登場し、ソニーやパナソニックなど、カメラの後発企業はそれに力を入れた。

しかし、一眼レフで歴史のあるニコンは、ミラーレスの商品化には大きく遅れをとった。2018年にミラーレスの高級機を投入したが苦戦しており、ニコンのミラーレスでのシェアは、5%程度にとどまっている(10)。

カニバリゼーションを恐れて倒産してしまったのが、米国コダックであった。コダックはライバルの富士フイルムよりも早くデジタル・カメラの試作機を開発していた。しかし、主力事業のフィルムが売れなくなることを懸念して、結局デジカメの市場への投入は、かなり遅れてしまった。その後約10年間で、フィルムの市場は事実上なくなり、それとともに会社も倒産してしまった話は有名である。

③サンク・コストへの固執

サンク・コスト（埋没費用）とは、「ある決定をする以前にすでに投じてしまい、その後の意思決定によっても取り返しがきかない費用」のことである。リーダー企業は、ライバル企業に比較して、最大の売上数量を誇っているため、最大規模・最大効率の設備を持っているのが普通である。その上、製造ラインの自動化にも積極的であり、自動化を進めれば進めるほど、設備は固定化されてくる。

しかし、一方で市場環境の変化により、供給過多・需要急減の事態が起きても、こうした設備の更新・除却については、直ちに対応をとることができない。なぜならば、減価償却が終わる前の資産を廃棄処分すると、財務会計上は、固定資産売却損あるいは破棄損が計上され（図表2－12参照）、事業部制をとっているような企業では、当該事業部の損益は赤字になってしまうからである。そのような状況で事業部長としての最適な選択は、「売れなくても作り続ける」ということになる。

図表2-12

未償却資産の廃棄

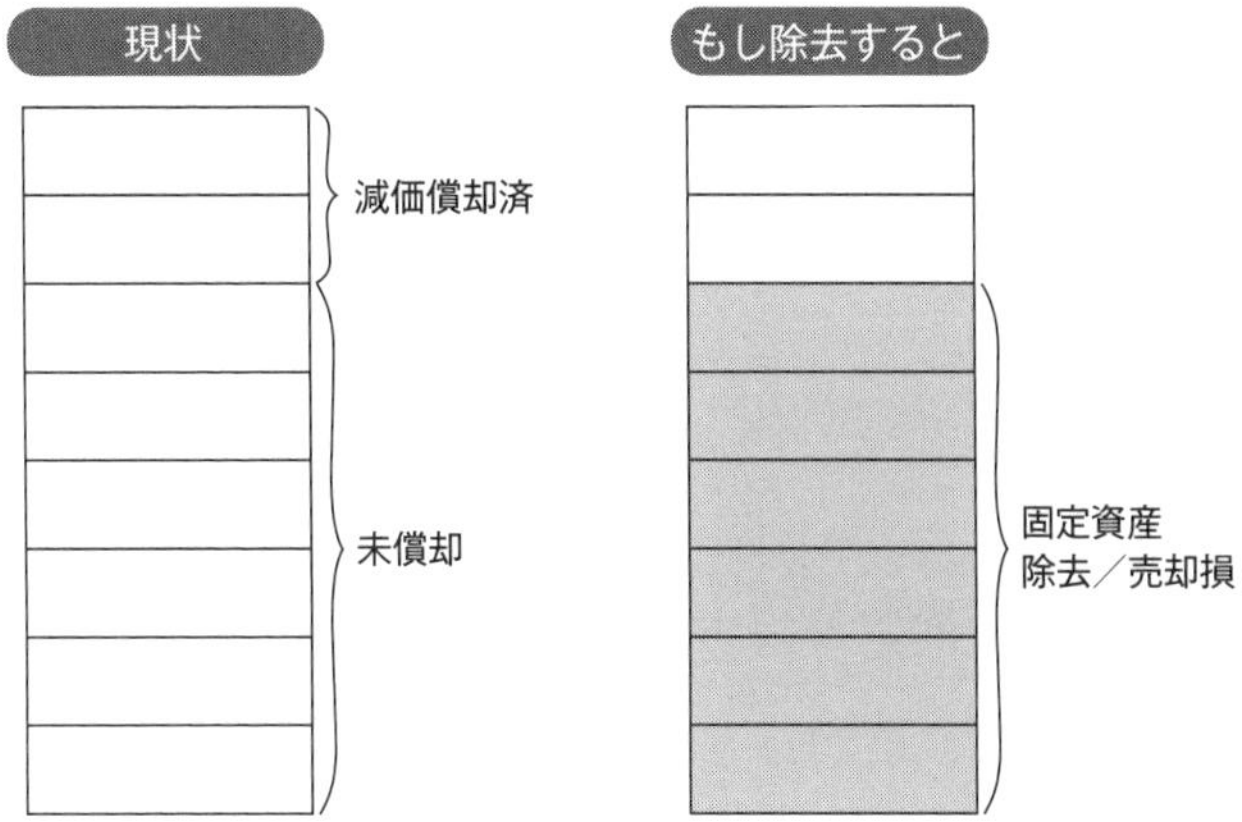

以前ある香辛料のリーダー企業は、多額の資金をつぎこんで、ガラス容器の大型プラントを完成させた。しかし、プラント完成の翌年、ペットボトルが開発された。ペットボトルは、軽量で割れないことから消費者や流通業者の支持を得て、他社は皆ペットボトルに切り替えた。しかし、その企業はガラスよりペットボトルにニーズがあることを知りながらも、ガラス容器を造り続けた。その結果、ジリジリとシェアを低下させていったのである。

なぜこのような結果になったかというと、同社では、「減価償却が終わるまでは、ガラスで生産する」という決定が下されたからである。

また、あるビールメーカーでは、瓶ビールが全盛だった時代に、瓶を生産する全自動化ラインを作った。その後、消費者の嗜好は瓶から缶に移ったが、この会社は、「瓶の生産ラインへの投資の減価償却が終わるまでは瓶のラインを温存する」という決定を行なった。

本来、「サンク・コストは、将来の投資の意思決定の際に含めて考えてはならない」(伏見1972、千住1979)という管理会計上の原則があるにもかかわらず、リーダー企業には、それができないことが多いのである。リーダー企業は、シェアが大きいだけ生産規模も大きく、それだけサンク・コストも大きくなる可能性を持っている。このような「管理会計と財務会計との矛盾」が、リーダー企業の意思決定を遅らせるのである。

●16年間追随できなかったコカ・コーラ

かなり古い事例であるが、ペプシコは二度の倒産から立ち直った直後、コカ・コーラと価格は同じで容量2倍のペプシ・コーラを発売し、それによって黒字転換した。2倍ボトルによってペプシが大躍進したにもかかわらず、コカ・コーラが大きなボトルを出して追随するまでには、何と16年を要した(11)。

その理由として、第一に、コカ・コーラには、同社のシンボルでもある独特なビンへの固執があったと言われる。その瓶の形状のままボトルを大きくすることは、むずかしかった。

第二に、コカ・コーラのボトラー（瓶詰め会社）の抵抗があった。ボトラーは、レギュラーサイズの瓶の生産ラインに多額の投資をしており、それを使えないラインに切り替えることは、多額の固定資産破棄損を計上する可能性があった。これが大きな要因であったと言われている(12)。

④同業至上主義

日本ではある程度市場が確定してくると、省庁の中に部会ができたり、同業を集めた連合会や協会ができてくる。業界として「一人前」になった証しでもある。そうした同業の集まりの中で、委員長にまつり上げられるのは、多くの場合、その業界のリーダー企業のトップ・マネジメントである。彼（彼女）はここで業界を組織化し、情報交換の場を作る役割を担う。

しかし、この過程においてリーダー企業は、次第に同業志向に駆りたてられていく。すなわち、業界を取りまとめ、結束させていくことが、リーダー企業の使命となっていくのである。同業の中でまつり上げられれば上げられるほど、隣接業界の動きが見えにくくなり、技術や市場の大きなトレンドをつかむことができず、いたずらに自らの業界を守ることにエネルギーを注いでしまう。

ところが現実には、リーダー企業の地位は、しばしば他業界から脅かされてくるものである。事務機業界はカメラ・メーカーによって、時計業界や楽器業界は電卓メーカーによって、競争構造をまったく変えられてしまった。このような競争業者を、ポーター（1985）は「悪い競争業者」と名づけた。すなわち彼らは、業界にあった暗黙のルールを無視した低い価格設定をしたり、ルールをはずれた超大型投資をするような企業である。

●「ド」からはじまるキーボード

カシオ計算機は電卓戦争で勝利をおさめた後、生産技術力を武器に、寡占で安定していた時計業界に参入した。「デジタルのカシオ」という派手な広告宣伝とともに、腕時計をカメラ屋の店頭に吊るして売る売り方をはじめた。それまでセイコーやシチズンを中心とする時計業界では、腕時計はショーケースの中から取り出してもらい購入するものであり、吊るして売る売り方は〝非常識〟であった。

しかし、カシオの参入を契機に腕時計の低価格化が進み、その後は、どのメーカーでも低価格の腕時計を吊るして売るのは、当たり前になった。つまり業界の〝常識〟は、必ずしも顧客にとっての常識ではなかったのである（その後、腕時計業界は、前述のように携帯電話の登場によって、市場を大幅に奪われてしまった）。

これで味をしめたカシオは、今度は楽器業界に参入した。半導体技術で音が出せるため、カシオは電子キーボード（鍵盤楽器）に参入した。しかし参入された側の楽器業界からは、カシオの楽器は、〝オモチャ〟のように見られていた。その理由の一つとして、当初のカシオのキーボードは、左端の鍵盤がすべて「ド」からはじまっていたためである。他方、ヤマハやローランドなどの音楽専門メーカーのキーボードは、入門者用機を除き、大体が「ラ」（八八鍵）か「ミ」（七六鍵）からはじまっている。

ピアノを習ったことのある人ならば、ドからはじまる鍵盤は、曲を弾きにくいということが理解できるであろう。すなわち、伴奏やベース音を担当する左手の小指がドで留まる曲は少なく、カシオのキーボードは、「音は出せても音楽は弾きにくい」ものであった。

「電卓で養った電子技術によって、今度は鍵盤を作ろう」というカシオの技術者からすれば、ピアノの鍵盤は「ドレミファ……」から成っているのだから、「ド」からはじまる鍵盤を作ることは、至極当然であったのかもしれない。しかし、「音楽」を商売としてきた楽器業界の人間から見れば、「ド」からはじまるカシオのキーボードは、オモチャ同然に見えたのではないだろうか。また、すべての鍵盤の大きさが同じであったことも、楽器業界からはオモチャと見られた理由であった。ピアノの鍵盤の大きさは、実は微妙に違うのが普通である。

しかし、結果的には入門層にはカシオの電子キーボードは歓迎され、かなりのシェアを獲得するに至った。最近カシオは、人口の多いインドで6割近くのシェアを占めており、インドでは、電子キーボードが〝カシオ〟と呼ばれるまでになった(13)。

⑤本業墨守の企業文化

マーケット・シェア1位の商品を持つ事業は、経験曲線(エクスペリエンス・カーブ)の恩恵を受け、社内でも収益部門となっていることが多い。企業の中において「収益を上げている」ということは、それだけで絶対的な力であり、組織構造や管理システムも、当該部門の経営が最もやりやすいように構築されていく。

こうして構築されたシステムが長年定着していくと、固有の企業文化が確立されてくる。この企業文化は当該部門(リーダー製品をかかえる部門)の経営のやり方を正当化し、一層強化する方向ではたらく。したがって、当該部門を否定するような考え方、技術、管理システムは排除され、当該部門は次第に〝裸の王様〟になっていく。その結果、リーダー企業においては、その製品のライフサイクルが衰退期に入ったからといって、簡単に撤退することは許されず、本業墨守の企業文化が、撤退を阻止していくのである。

海外の例を見ても、コダックの経営陣は、「フィルムと競合する可能性のあるものを、片っ端からはじき出す抗体が存在するかのようだった」(14)と言われていた。

企業文化というと、目に見えないものと思われがちであるが、企業文化は私たちの目に見える形に姿を変えている。その一つが、事業の評価尺度である。複数の事業を抱える企業にとって、毎月、毎期それらを横並びで比較検討しなくてはならない。

このとき、評価尺度の一番上に並ぶ項目は、その企業の過去の主力事業の実態を最もよく反映されるものになる傾向がある。これこそが、その企業が事業を判断するときに無意識に使っている企業文化でもある。

たとえば、ある鉄鋼会社においては、その尺度は生産量であった。鉄鋼事業の場合、生産量を把握していれば、事業の利益はだいたい予測できたからである。

その会社では、過去鉄鋼事業が主力であったことから、評価表の記入欄には、「t（トン）」という単位が前もって印刷されていた。鉄鋼事業においては、「トン」が当然の単位であったが、その企業の中には新規部門としてセラミックスのように「グラム」で勝負している事業もあった。すなわち、生産量は少ないが、利益率では鉄鋼を大きく上回るような事業も進めていたのである。

このような評価表の場合、鉄鋼部門ならば、「今月は7万トン」と記入すればよいが、グラム型事業の場合には、「今月は０・０３５トン」と記入しなくてはならない。こうした数字を集計し、トップ・マネジメントが横並びで表を見ると、「まだまだ鉄だな」と見えてくる。

図表2-13

伝統的評価尺度の例

企業名	評価尺度
日本製鉄	トン
東京ガス	㎥
三菱地所	㎡
パルコ	坪効率
全日本空輸	座席有償利用率×飛行距離
椿本チエイン	リンク数
ブリヂストン	トン
レンゴー	㎡、トン

出所　山田英夫・山根節『なぜ、あの会社は儲かるのか？』を一部修正

こうした企業においては、利益率は高いが生産量が少ない事業は、なかなか社内で認知されず、従来型の事業が良く評価され続け、知らないうちに企業全体の凋落を迎えるのである。

他にも貸しビル業では、「平方メートル」、エネルギー会社では「立方メートル」、タイヤメーカーでは「トン」など、各企業には各社の企業文化を反映した尺度（「シェア」「売上高」「粗利益」「貢献利益」「予算達成率」「昨対」など）がある（図表2－13参照）。

あるトイレタリー・メーカーでは、発祥事業が洗剤であったこともあり、主力事業がシャンプー、リンスになった今日でも、社内指標として「トン」が使われている。

また、あるファッション・テナントビルで

は、「坪効率」がテナントを評価する統一基準のため、なかなかTSUTAYAが入居できない。TSUTAYAの坪効率は、どんなにDVDを並べても、ブランド服や宝石にはかなわない。本来ビルの運営としては、最上階にTSUTAYAのような集客力の高いテナントに入ってもらい、来店客が階を下りていきながら買い物をする「シャワー効果」が期待できるのであるが、残念ながらそのビルでは実現できていない。

このように、長年企業で使われてきた評価尺度こそが、事業構造の転換をむずかしくしている。

●営業職員は評価尺度にしたがう

日本の生命保険では長い間、参入規制があり、第三分野（第一分野の生保でも、第二分野の損保でもない分野）は、外資系企業だけに参入が許されてきた。第三分野の保険としては、ガン保険、医療保険などがあり、これらを単品として販売できたのは、アメリカンファミリー（現アフラック生命保険）、アメリカン・ライフ・インシュアランス・カンパニー（現メットライフ生命保険）などに限られていた。

しかし、2001年に規制緩和が行われ、第三分野への日系企業の参入が認められた。この背景には、第三分野が今後の成長分野であり、日系生保の開放要求が強かったことがあげられる。

特に、医療費負担が大きいガン保険には、新規参入が多いと見られていた。生命保険業界のリーダー企業である日本生命は、規制緩和の実績を示す必要もあり、ガン保険に単独で参入した。開放要求をしてきた業界のリーダーとしては、当然の戦略であった。参入後、数カ月間は営業職員にも号令が下され、日本生命はガン保険を売りまくった。しかし、数カ月してその勢いはパッタリ止まった。それは、営業職員の評価尺度から見て、ガン保険は「売っても成績にならない商品」であったからである。

生保の営業職員は長い間、業界で「S」と呼ばれる「死亡保険金」の金額で評価されてきた(15)。すなわち成績を上げようと思えば、何億円という高い死亡保険金の保険をとってくればよかったのである。これには、死亡保険金の金額と生保の利益には相関があるという前提があった。

ところがガン保険は、ガンと診断された後の治療費を補填する保険であり、死亡保険金も出るが、それはわずかな金額である。そのため、せっかく規制緩和されたにもかかわらず、営業職員の評価尺度のため、日本生命はガン保険を本気で売る体制になれなかったのである。

Note

注1：現在の事業の売上高が、いま所属している業種に係わる売上高の2倍以上の状態が2年間連続した場合、東証では現在の所属を変更する。
注2：内田（2009）は、このような競争を「異業種格闘技」と呼んでいる。
注3：「LCC vs. 高速バス」高速バス研究所　highway/bus.tabiris.com/buslcc.html
注4：厳密に言えば、ガスター（消化性潰瘍薬）やロキソニン（解熱鎮痛剤）などの第1類医薬品は、薬剤師でないと販売できないため、薬剤師のいるドラッグストアと登録販売者のいるコンビニとでは、取扱品目は異なる。
注5：https://news.cardmics.com/entry/jcb-card-mirai/
注6：大前研一「アメリカ規制緩和の衝撃を知れ」『プレジデント』1990年4月号
注7：ゲマワット（2002）『競争戦略論講義』東洋経済新報社
注8：シェンカー（2013）『コピーキャット』東洋経済新報社
注9：『平成30年度生命保険に関する全国実態調査』生命保険文化センター（2018年12月）。なお、営業職員経由の次は、保険代理店経由が17・8％。
注10：『週刊東洋経済』2020年3月21日号
注11：ライズ&トラウト（1987）『マーケティング戦争』プレジデント社
注12：ヨッフィー&クワック（2004）『柔道ストラテジー』日本放送協会出版
注13：日本経済新聞　2013年10月22日
注14：ジョンソン（2011）『ホワイトスペース戦略』阪急コミュニケーションズ
注15：SはSum Insuredの略であり、保険金額。他によく使われる省略形にP（Premium）があり、これは保険料を指す。

第3章

業界破壊者の戦略

本章では、業界破壊者、侵入者、挑戦者の順に、その攻撃の戦略を考えていこう。まず、業界破壊者の戦略について述べていく。

業界破壊者とは、当該業界を必要ない存在にしてしまい、リーダー企業を転落させる企業のことである(1)。

1 顧客は機能に対価を払う

業界破壊者は、何を武器にしてリーダー企業を攻撃してくるのであろうか。そのために、顧客が製品・サービスを購入する際に、いったい何にお金を払っているのかを考えてみることにしよう。たとえば、製品の場合にはハードウエアそのものなのか、そのハードによって得られる解決策なのであろうか。

こうした問いに対して、レビット(1969)は「4分の1インチのドリルが売れたのは、人々が4分の1インチ・ドリルを欲したからではなく、4分の1インチの穴を欲したからである」(レオ・マックギブナの言葉)と述べている。すなわち、顧客はモノではなく、そのモノによって実現される価値あるいは機能・効用を買っているのである。

こうした考えを説明する上でよく例に出されるのが、自社を「映画の製作」の会社ではな

図表3-1

製品志向 vs. 市場志向の事業の定義

	製品志向の定義	市場志向の定義
レブロン	化粧品の製造	希望を売る
ミズーリ・パシフィック鉄道	鉄道の運営	人と物質を運ぶ
ゼロックス	コピー機の製造	オフィスの生産性改善
インターナショナル・ミネラル&ケミカルズ	肥料の販売	農業の生産性改善
スタンダード石油	ガソリンの販売	エネルギーの供給
コロンビア映画	映画の製作	娯楽の提供
ブリタニカ	百科事典の販売	情報ビジネス
キャリア	冷暖房装置の製造	住居空間を快適に

出所：コトラー『マーケティング・マネジメント　第7版』を一部修正

く、「エンターテイメントの提供」と考えたウォルト・ディズニーである。多くの米国の映画会社が衰退する中で、ウォルト・ディズニーが成長し続けてきたことから導かれるのは、自社の事業をモノで定義するのではなく、顧客に提供する機能で定義した方が事業展開の広がりが大きくなることである。

機能とは言いかえれば、「顧客がその商品の何に魅力を感じて対価を払っているか」(山田・水島 1988) ということである。たとえて言えば、私たちは宅配便に対して、単に「モノの輸送」ではなく、「翌日に確実に着く」ことに代価を払っているのである。

図表3－1に示した市場志向の定義が、顧客が代価を払っている機能の一例である。

●3Dプリンターの登場で金型業者は

3Dプリンターの登場で、金型業者の仕事が奪われるかもしれない、そんな状況が訪れている。3Dプリンターは、3次元CADや3次元CGデータをもとにして、3次元のオブジェクトを造形する装置であるが、試作品や小ロットの生産であれば、設計図から直接製品を作ることができる。

これまで大量生産品を作るには、金型（作りたい形状の反転した形状の型）がなくてはならず、金型一つを作るには、最低でも数百万円はかかる。このコストをかけないで、試作品や小ロット製品を作れるのであれば、個人やスタートアップ企業でも、大企業顔負けの製品を生産できる。また、遠く離れた場所や国にデータを送って、そこで型を生産することもできる。ものづくりの集積地で、生産する必要もなくなる。

3Dプリンターは、決して金型業者を壊すために開発されたわけではないが、設計図さえあれば、そのまま3次元の製品を切削して作り出せる。

量産品のための金型は残り続けるであろうが、3Dプリンターが金型業者の仕事の一部を奪っていく可能性がある。

2 より上位の機能で攻撃する

機能には、低次の機能から高次の機能まである。業界破壊者は、既存のリーダー企業が提供していたよりも、より高次の機能で攻撃することが必要である。たとえば、かつてレコード針を購入していた人は、「針」そのものが欲しかったのではなく、「レコードを再生する」ために針を買っていた。

「レコードを再生する」という機能をさらに上位の機能で考えれば、次ページの図表3－2のように「音楽を聴く」という機能があげられる。より手軽にいい音で音楽が聴けるのであれば、わざわざ針でレコードを引っ掻く必要はない。より上位の機能に対応したCDの登場により、レコード針は不要となったのである。さらには、インターネットによる音楽配信、さらには弦楽四重奏団の出前といったビジネスも、CDの敵となりえる。

たとえば、ヤマハは2013年から米国で、ピアノ演奏のネット配信サービスをはじめた。これは、プロのピアニストの演奏データを配信し、消費者はパソコンを経由して、自宅の自動演奏機能付きピアノで受信すると、プロと同じ音が自宅で楽しめる。これによって、CDでは味わえないリアルな音楽の楽しみ方が可能になった。

図表3-2

レコード針の機能展開

F_8：音楽を楽しむ
↑
F_7：音楽を聴く ← ストリーミング
↑
F_6：記録された音楽を聴く ← デジタル音楽プレーヤー
↑
F_5：記録された演奏を再生する
↑
F_4：記録されたメディアを再生する ← CD
↑
F_3：レコードを再生する
↑
F_2：レコード針を用いて、レコードを再生する
↑
F_1：レコード針によって、レコード盤の溝をトレースする
↑
S_0：レコード針

こうした上位の機能を探索するには、「機能展開」と呼ばれる方法が利用できる。機能展開は、もともとはシステム設計の技法であるワークデザイン（吉谷1981）で使われてきた方法である。ある種の手がかりシステム（S_0）をもとに、それは何のためにあるのかを自問自答し続けていくことにより、そのシステムの本質的な目的・機能を明らかにしていくものである（図表3－2参照）。

機能を上位に展開していくことは、手段的制約をとっていくことにもつながる。缶切りを例にとると、「缶のフタを破る」という機能よりも、「缶詰の中身を取り出せるようにする」という上位の機能で考えれば、缶切りのいらない「パッ缶」（取っ手のついた缶のフタ）が想起され、もはや缶切りという道具は不要

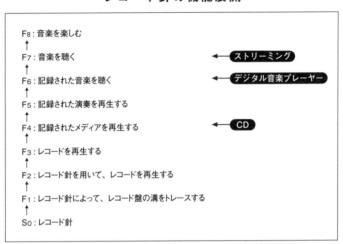

になってしまう。

このように、顧客にとってはある種の課題解決ができれば良いのであり、手段として使われているハードが必要なわけではない。すなわち、CDを購入しなくても、ネット経由でストリーミングすれば音楽を楽しめるようになり、CDの売上は減ってしまったのである。

こうして、業界破壊者が提供する製品・サービスの機能が、既存企業の製品・サービスの機能のより上位にある場合、業界ごと崩壊してしまう可能性がある。

●アベマTVは、侵入者か業界破壊者か

放送業界は、地上波のキー局とその地方系列局で寡占の業界と言われていた。免許制で電波は有限なことから、新規参入はありえなかった。しかし、インターネットの普及でテレビ・ラジオとネットとの境界線がなくなってきた。そうした中、〝インターネットテレビ〟として無料のAbema（アベマ）TVが2016年に登場した。

通常インターネットでの動画配信は、視聴者が自分の好きなときに、自分の好きなところから見られる、いわゆるオンデマンド配信が多い。それがネットの特長でもある。しかし、アベマTVは、局から一方的に映像が流れる方式（リニア視聴）であり、好きなところからは見られない。視聴者側から見れば、通常の放送と同じである（アベマTVは、リニア方式の

方が消費者の面倒が少ないと考え、この方式にこだわった）。

地上波やＢＳ、ＣＳは有限の電波の割り当てに起因する規制があり、番組の内容も放送法により番組審議会が目を光らせている。それを踏み外すと、社会問題になる。

一方、ネットにはそうした監視や規制はなく、原則自由である。それゆえ特定の政党に偏った番組や過激な番組の自由度が高い（刺激を求める層には、テレビよりも訴求できる面がある）。

他にも英国のネット動画配信ＤＡＺＮ（ダゾーン）は、Ｊリーグの全試合の配信権を買い取り、従来スカパーで視聴していたコアなサッカーファンを取り込んでいる。

米国では、ネットフリックスなどが普及し、消費者のメディア接触時間は、モバイルがテレビを逆転したという調査もある(3)。

日本でも、博報堂ＤＹメディアパートナーズの２０１９年の調査では、１日当たりのスマホ・携帯・タブレットのメディア接触時間は１４６・４分で、トップのテレビ（１５３・９分）に迫っている。

「放送業界」という業界がインターネットにより、その境界線がなくなっているのは明らかであり、アベマＴＶは放送業界にとって、「侵入者」として認識されている。反面、放送業界も在京民放５社はＴＶｅｒ（ティーバー）を開始し、ネットで動画配信をしている。

現状、アベマＴＶやＤＡＺＮは「侵入者」の位置づけにあるが、５Ｇが普及し、コストも安くなった暁には、放送業界の「業界破壊者」となる可能性も秘めている。

3 上位の機能とビジネスの仕組み

上位の機能は、これまで世の中に知られていなかったわけではない。以前からあったにもかかわらず、それを顧客に提供する方法がなかった場合が多い。したがって業界破壊者にとっては、上位の機能を探索するだけではなく、それを事業に結びつけるための仕組み作りが必要である。

新たなビジネスの仕組みによって、新しい競争のルールを作れれば、まったく新しい市場を獲得することも可能になる。そうした例を紹介してみよう。

●レジなしで買い物ができるアマゾンＧＯ

日本のレジスター業界は、東芝テック、ＮＥＣフロンティア、カシオ計算機、パナソニックなどが上位企業である。これらの企業は、電子マネー決済、ＱＲコード決済にも素早く対応してきた。レジスター自体も、より速く、より簡便に決済ができるように工夫してきた。

しかし、コンビニではまったく新しい敵が出てきた。それは「レジスターレス」の決済である。たとえば、先行したアマゾンGOでは、店舗の入口で個人を認証した後、コンビニ内に多数設置されたカメラによって、どの商品を取ったかをすべて把握し、レジなしで、そのまま購入したものを店舗の外に持ち出すことができる。

レジの役割を機能で表現すれば、「商品の個体と価格を認識し、それと決済とをリンクさせる」と表現できる。そのためレジスター・メーカーの商品開発の方向としては、レジの時間を短縮したり、ミスをなくす機械やシステムが求められる。

しかし、レジの機能をより高次のレベルで考えれば、購入した物品の合計額と決済口座がリンクすれば良いわけであり、そもそもレジというゲートを設置する必要もなくなる。その結果、無人店舗のアマゾンGOが可能になる。レジスターレス店舗は、レジスターを売る会社からは発想されない仕組みと言えよう。

4 機能にはさまざまな面がある

機能には階層性があることを述べてきたが、一つの製品・サービスが、たった一つの機能しか提供していないということは稀である。製品・サービスはさまざまな機能を持ち、さまざまな発展の可能性を持っている。

たとえば、鉄道という事業の機能は、はたしてレビット（1960）の言う「輸送」だけなのだろうか。旅行や観光という機能を全面に出して事業を行なっている鉄道会社もあるのではないのだろうか（石井1984）。

静岡県の伊豆急行電鉄は、地元の通勤・通学の足という面もあるが、伊豆の観光事業としてのミッションもある。そのため同社の「リゾート号」は、海側に向けて座席を配置し、輸送人数よりも、旅行客に景観を楽しんでもらうことを重視している。

また、化粧品の機能は何かということを単純に考えれば、「美の提供」「希望を売る」（レビット1969）という機能がすぐに思いつくが、各企業がマーケティング戦略を考える上においては、それだけでは十分ではない。資生堂もカネボウもコーセーも、すべての企業が「希望を売っている」のであれば、経営資源の量ともに優れるリーダー企業の優位は揺るがない。

そこで各社は、自社の経営資源の強みを生かして、独自の機能を訴求しているのである。花王は基礎化粧品において科学性を訴求し(2)、ファンケルは「安心・安全・やさしさ」を訴求している。リーダーの資生堂においても、ただ美や希望を売るだけではなく、長い歴史を持ち、多くの女性に愛用されてきたことから、「安心感」「美の標準」などの機能も提供しているのかもしれない。

さらに例をあげるとしたら、クオカードの機能は何であろうか。

・プリペイドカードという本来の機能
・企業や団体のＰＲ品
・葬儀における返礼品
・景品としての機能
・非課税で渡せる謝礼

など、さまざま機能がある。
最後に、虎屋の羊羹の機能は何であろうか。

・和菓子としての本来の機能
・気持ちをこめた御礼や謝罪の印
・株主総会における人気のお土産
・人生の最後に食べたいスイーツ(4)

・底面に紙幣を入れやすい木箱の上半分

などさまざまな機能がある。

機能に「正しい」「誤った」はない

機能には前述のように、複数の機能があることも事業展開のヒントになる。こうした考え方の参考になるものとして、ソフト・システムズ方法論（SSM：Soft Systems Methodology）があげられる。SSMはチェックランド（1981）により提唱されてきた方法論である。従来のハードシステム・アプローチは、目的が決まっていて、その実現のためにシステムを作るアプローチであった。

それに対してソフトシステム・アプローチは、ゴールが不明確な状況、問題が何であるかはっきりしないとき、メンバーの認識や意見がバラバラなときに有用な方法論である。SSMでは機能とは呼ばず、関連システム（Relevant System）と呼んでいるが、たとえば、刑務所とは何をするところか、ということに関して、次のようなことをあげている(5)。

・罪人を罰するシステム（punishment）

・罪を犯すような危険人物の隔離システム（protection of society）
・罪を犯すに至った人が正常な社会生活を送れるようにする矯正システム（rehabilitation, education）
・受刑者がお互いに犯罪ノウハウを共有するための教育システム（university of crime）

この中で注目されるのが最後の「university of crime」であり、「今度こそ捕まらないようにしよう」と、受刑者間で犯罪ノウハウの交換をする場という考え方である。機能も同様で、「正しい」あるいは「誤った」というものはない。

5 敵は思わぬところから

前にも述べたように、機能で考えていくと、次第に手段の制約がとれてくる。すなわち、ある機能を実現するためには、必ずしも特定のハードウェアに縛られないということである。そのため、同一の機能を提供するソフトあるいはサービス事業も、メーカーの競合相手となってくる。すなわち「4分の1インチの穴をあけてくれるサービス」があれば、ドリルを購入する必要はないのである。

金庫メーカーの敵が銀行の夜間金庫であり、その夜間金庫の敵がコンビニATMであるという競合関係を考えるとわかるように、メーカーの競合相手はメーカーにとどまらず、サービス業も大きな脅威となっている。事務用品を売るアスクルは、事務作業を代行するキンコーズとも戦っている。

このように敵はメーカー、サービス業のカテゴリーを越えて、思わぬところからやってくるのである。

●通勤電車から夕刊紙が消えた

かつては、帰りの通勤電車内でビジネスマンは何をしていたかというと、新聞を読んでいた人が多かった。特に夕刊フジ、日刊ゲンダイの2大夕刊紙は、高いシェアを誇っていた（これに東京スポーツを含む場合もある）。夕刊紙は経済記事、政治記事だけでなく、芸能記事までも広くカバーし、一般紙では書けないような先鋭的記事も掲載されていた。

しかし、夕刊紙の発行部数は激減した。1995年頃の最盛期には40万部（公称は150万部）を誇っていた夕刊フジは、2007年には10万部台に落ち込み、赤字に転落した。

夕刊紙を減らした〝犯人〟は、スマホであった。電車の中で、スマホで最新のニュースや漫画を読んだり、メールのやり取りをしたり、ゲームをしている人も少なくない。

スマホは携帯電話が高度化される過程で登場してきた機器であり、決して夕刊紙を崩すために開発されたものではない。しかし結果的にスマホは、夕刊紙の業界破壊者になったのである。

●異業種企業を破壊してきたアマゾン

かつて米国で、次のような小話が話題を集めたことがある。

「アマゾンが入ってきたら、すぐ逃げろ。そのビジネスは崩壊する。だけどアマゾンが狙わないなら逃げ出した方がいい。そのビジネスは儲からないに違いないからだ」(6)。

書店のネット販売からはじまったアマゾンは、そのビジネスモデルをもとに、取扱領域を次々と広げ、事業を拡大してきた。アマゾンの進出を受けて、倒産に至った企業は少なくない。米国ではタワーレコード（CD販売）、ボーダーズ（書店）、ラジオジャック（家電販売）、トイザらス（玩具）、フォーエバー21（ファスト・ファッション）などが、アマゾンの〝犠牲〟になって倒産してしまった。

アマゾンはこのように異業種に参入し、当該業界のリーダー企業を次々と壊してきたのである。

Note

注１：Downes and Nunes（２０１３）は、業界破壊者のことを「ビッグバン型破壊者」と呼んでいる。

注２：花王がカネボウ化粧品を買収した理由として、高価格のメイクアップ化粧品を、花王のソフィーナ・ブランドでは売りきれなかったことがあげられる。

注３：日本経済新聞　２０２０年１月15日

注４：虎屋では、飲み込む力が衰えた晩年のお年寄りのため、全粥と同じ硬さにしたやわらか羊羹『ゆるるか』を、介護療養型医療施設で有名な青梅慶友病院の協力を得て開発した。
https://netatopi.jp/article/1079598.html

注５：Checkland P. (1983) O. R. and the Systems Movement: Mappings and Conflicts, *Journal of Operational Research Society*, Vol.34, No.8, Systems in O. R., pp.661-675

注６：日本経済新聞　２００７年11月21日

第4章

侵入者の戦略

1　侵入者はどこから来るのか

侵入者となる企業はどこから来るのだろうか。過去の事例を見ると、川上企業（元供給業者）、川下企業（元買い手企業）、隣接業界（異業種企業）およびユーザーが多い。

(1)川上企業

原料や材料を供給していた業者は、その工程を一歩完成品に近づけることによって、侵入者となりうる。このような場合、通常は「お客様の領域に参入する」ことになり、参入可能であっても、現業への影響を考えて躊躇するケースが多い。

しかし、技術などで優位性を持つ企業の場合には、いくつかの供給先を失ったとしても、トータルとして事業が拡大する可能性が高ければ、川下領域に参入していくケースがある。

●ウィンテルがＰＣに参入

従来は川上工程に位置していた企業が、その次の工程にまで自らが関わり、供給先企業と競争するようになった事例として、インテル、マイクロソフトをあげることができる。

インテルはマイクロプロセッサー（ＭＰＵ）のリーダー企業として、多くのパソコン・メーカーにＭＰＵを供給してきたが、２０１１年にインテル製ＭＰＵを搭載したパソコンを「ウルトラブック」として売り出した。

また、マイクロソフトも、ＯＳやアプリケーション・ソフトのリーダー企業として、数多くのパソコン・メーカーにそれを供給してきた。しかし２０１２年に、同社のＯＳやアプリケーション・ソフトを搭載したパソコン「サーフェス」を発売し、自ら完成品市場に参入した。同機はＯＳにウィンドウズが搭載され、タブレット用の機能が標準搭載されている。マイクロソフトもインテル同様、他のパソコン・メーカーへのソフトの供給は続けており、市場ではサーフェスは、ＯＳの供給先の他社製パソコンと戦っている。

サーフェスは薄型パソコンを中心に商品展開しているが、ソフトウエアを提供してきた企業が、自ら最終製品まで発売したという意味では、業界に驚きを与えた。

(2) 川下企業

第2章で述べたように産業用ロボットの業界では、もともとは専業メーカーが上位を占めていたが、次第にノウハウは使い手側に蓄積されるようになり、ユーザーが修正・改良を加え、より優れたロボットを外販するようになった。生産財の場合、利用技術はユーザー側に蓄積され、先端的なユーザーは生産技術力も高いことから、自ら外販に乗り出すケースが多い。

他方、消費財の場合には、消費者に最も近い小売業が、メーカーの競合となるケースが出てきた。ドラッグストアのマツモトキヨシが一般用医薬品、化粧品などのプライベート・ブランド品を開発し、それがメーカー品と競合しているのが典型例である。他にもセブン＆アイ・ホールディングスのプライベート・ブランドであるセブンプレミアムも、店頭のフェイスをとる競争においては、メーカー品のスペースを奪っている。

(3) 隣接業界

市場・技術の両面で隣接業界に属する企業は、侵入者になりやすい。特に事業成功の鍵が異なるような業界から侵入した場合には、当該業界のリーダー企業にとっては、「悪い競争業者」になる可能性が高い。電動アシスト自転車によって、自転車業界に本格参入したヤマハ発動機などが、その典型例である。

●ドラッグストアが食品スーパーを侵食

食品スーパーの大手は、イズミ、サミット、バロー、いなげやなどがあり、中小のチェーンも日本全国に存在する。しかし、この食品スーパーを脅かしているのが、1983年に創業したコスモス薬品である。コスモス薬品は、九州を地盤とするドラッグストアであり、2004年からは九州以外にも進出している。コスモス薬品が一般のドラッグストアと違うのが、食品の構成比である。マツキヨが10%未満、ツルハ、ウエルシアは20%台なのに対し(1)、コスモスは56%(2019年5月期)と、食品の構成比が圧倒的に高い。

利益率の高い医薬品を原資に、それを食品の安売りにつぎ込めるため、「コスモスが通ると食品スーパーの再編が起きる」(2)と言われるほど、スーパー業界に影響を与えている。

ドラッグストア、食品スーパーというカテゴリーは、消費者から見れば何の意味もなく、今後も業態を越えた競争は各地で続くと予想される。

●収納家具から家電へ

日本の家電業界は、国内市場の成熟や新興国企業の参入にともない、苦しい状況に直面している。そうした環境の中、アイリスオーヤマが家電市場に参入し、主に低価格品、ボリュームゾーンの商品を出している。アイリスオーヤマは、もともとはプラスチック製品を中心とする企業であり、半透明の収納箱がヒットし、収納、インテリア、ガーデニング、家具などに製品分野を広げてきた。

アイリスオーヤマが家電に参入したのは２００９年。低価格のＬＥＤ照明が契機となり、いまではＬＥＤ電球の販売台数ではトップシェア首位であり（３）、その後、扇風機、空気清浄機、ＩＨ調理器、電子レンジなどに参入し、年間１０００アイテムを超える新製品を発売している。

２０１９年からは、洗濯機などの白物家電や４Ｋテレビに参入した。同社の家電は可能な限り内製化することによって低コスト化をはかり、かつ生活者の視点から商品開発を行なっていることに特長がある。

最近では、家電メーカーを辞めたエンジニアやデザイナーも採用し、開発力も高めており、もはや収納品メーカーではなくなっている。事実、２０１９年度のアイリス単体の売上高１６１１億円のうち家電製品は約６割を占めるようになった（４）。

(4) ユーザー

ユーザーはこれまでその製品・サービスを購入・利用してきたこともあり、製品・サービスの不備な点を熟知している。業界に長くいる企業にとっては当たり前のことが、ユーザーにとっては、非常識であることも少なくない。以下ではそうした例を紹介しよう。

●規制が玄関を開けてくれたQBハウス

ヘアカットの「QBハウス」(会社名はキュービーネット)は、1996年に1号店を開店し、2019年6月期には国内567、海外127の店舗を持つ企業に成長した。理容・美容業界は規制の多い業界であり、かつては料金や休日も横並びであった。理容室では1時間約4000円で整髪から洗髪、髭剃りまでやってくれるが、待ち時間が長くかかることもあり、顧客にとっては不要と思われるサービスも含まれていた。

QBハウスの創業者は、かつては医療機器商社を営んでいたが、商売柄、身づくろいに気を配り、月に2回は理容室で整髪していた。しかし、月に2時間以上も整髪に時間をとられることに不満を感じていた。

そうした中、米国出張中にカットだけの専門店に出会い、日本の理容室でもカットに要する時間は約10分と考え、カットに特化した「10分1000円」(現在では1200円)の事業を考案した。

しかし、「10分1000円」で経営するためには、徹底したコストダウンと顧客の回転を良くしなければならない。コストダウンでは、必要なものを徹底的に絞りこみ、電気、椅子、タオル、クシ、はさみだけが残った。衛生上の問題を考え、タオルは使い捨ての不織布にし、クシは顧客に持ち帰ってもらう仕組みとした。椅子も床屋用は高価なので、当初はパチンコ店用を転用した。

また、理・美容師がカットに専念できるように券売機を店頭に置き、電話は置かず、顧客データはドアやイスにセンサーをつけて、本部に自動的に送られるようにした。なお従業員は3年契約で、その後、独立の意思のある人には、オーナーになってもらう準フランチャイズ制とした。

顧客の回転を高めるために、立地は鉄道の駅構内や駅周辺を選び、かつ顧客の時間を大切にするため、店外に信号機のような表示機を設け、待ち時間もわかるようにした（この表示も、待っている椅子にセンサーが埋め込まれ、人手をかけずに、自動的に切り替わる）。

こうしてQBハウスは、既存の理容室を大きく上回る生産性を実現した。

日本では理容師と美容師は資格が別であり、理容師は美容院では働けず、美容師は理容店で働けない。こうした規制があるため、QBハウスはスタッフの柔軟な配置ができないでいるが、創業者は「規制がなければ、私の前に誰かが手がけていたかもしれない。既存業者とお役所が過去の参入者を阻止して、私たちのために玄関を開けて待っててくれていた」(5)と話している。

理容・美容業界ではこうした〝素人〟の参入に対してさまざまな批判があったが、これにも「素人と呼ばれるのは光栄だ。それは、より消費者に近い位置にいることの証だと思うからだ」(6)と、切り返している。

QBハウスは、ユーザーの不満からスタートし、顧客視点から事業を組み立てた代表例と言えよう。

2 リーダー企業の「悪い競争業者」になる

次に、侵入者のとるべき戦略について考えてみよう。競争業者がゼロになって独占状態になることが、リーダー企業にとって、はたして最適な状況なのであろうか。

既存の競争のルールを守るような競争業者は「良い競争業者」と呼ばれ、リーダー企業はこうした企業を潰すのではなく、むしろ生かしておくべきだと言われている(ポーター 1985)。「良い競争業者」の条件としては、次ページの図表4-1のようなものがあげられている。

「良い競争業者」を持つことが、なぜリーダー企業にとって望ましいかと言うと、「良い競争業者」は業界の安定を守ってくれ、リーダーの競争優位を高めてくれるからである。大幅な需要減があったときには、「良い競争業者」がバッファー(緩衝)となり、リーダー企業の売上減がゆるやかになる。

図表4-1

良い競争業者の条件

① 信頼性および活力を持つ
② 自社の弱点をはっきり自覚
③ 競争のルールをわきまえる
④ 仮説が現実的
⑤ コストの知識にくわしい
⑥ 業界構造を改善する戦略を持つ
⑦ 戦略目標を狭く決めている
⑧ 適度な撤退障壁をつくる
⑨ リーダーと調和しうる目標を持つ
・業界内で野望をもたない
・他社並みの投資利益率に満足している
・現在の利益率で満足している
・現金の産出を望む
・短期的発想をする
・リスクをさける

出所：ポーター「競争優位の戦略」より作成

また、新市場を開拓するための広告宣伝費などを「良い競争業者」が分担してくれることもある。リーダー企業が長期間安泰であった日本生命に対する第一生命、トヨタ自動車に対する日産自動車、電通に対する博報堂などは、結果的に、これまでリーダー企業にとって「良い競争業者」であったと言えるのかもしれない。

それにひきかえソフトバンクやカシオなどは、参入された業界のリーダー企業にとっては、「悪い競争業者」と言えよう。すなわち彼らは、業界にあるルールを無視した価格設定をしたり、並外れた超大型投資をするような企業だからである。

リーダー企業を攻撃する侵入者側からは、リーダー企業にとっての「良い競争業者」になってしまっては、リーダー企業を逆転することは不可能である。

逆転のためには、リーダー企業にとっての「悪い競争業者」になることが必要になるのである。

3 業界の〝常識〟を攻撃する

「悪い競争業者」になるためには、図表4－1にあげた「良い競争業者」の条件の逆を考えればよい。図表に示された条件の中には、目標設定の仕方のような経営管理上の問題も含まれているが、リーダー企業とは異なる経営資源を持つ侵入者の観点から言うと、「競争ルールをわきまえない」ことに注力する必要がある。

競争のルールには、運輸業や金融業などに多く見られるような法律や制度によって定められた明示的なルール（例：地域割り、営業時間）もあるが、そういったものではなく、業界において暗黙の常識となっているようなルールを考えてみよう。これは当業界に以前からいる企業にとっては〝常識〟であるが、顧客や他業界から見れば、根拠のない〝非常識〟であり、これにとらわれない戦略が、侵入者の武器となる。

業界の〝常識〟は、顧客の常識とは、ほど遠いことも多い。たとえば、セブン－イレブンが日本に上陸する前、「夜8時以降に買い物をする日本人は、ほとんどいない」というのが小売業の〝常識〟であった。しかし、セブン‐イレブンが開業してみると、一番混んだのは夜8時以降であった。「夜8時以降にはお客が来ない」という小売業の〝常識〟は、それまで日本の小売業が店を開けていなかったからであった。

以前、外食産業では、「正月からハンバーガーを食べる客はいない」と言われてきたが、マクドナルドのある店では、正月三が日の売上が年間で最高であったという。

業界の古くからの〝常識〟には合わないが、顧客のニーズに合った戦略を侵入者がとった場合、業界の構造を変えるパワーも持つ。以下では、製品、価格、流通チャネル、販売促進のマーケティング・ミックスの各側面において、業界の〝常識〟が侵入者によって塗り替えられたケースを見てみよう。

(1) 製品の〝常識〟を攻撃する

侵入者は、リーダー企業とは異なる経営資源を持っている。それは技術力、生産力、マーケティング力であったりする。異業種から参入し、リーダー企業にとって「悪い競争業者」になる最も効果的な方法は、リーダー企業がすぐには追随できない技術を持って参入することである。コア技術の違う業界からの参入に対しては、リーダーは直ちに対応できない場合が多い。

例が古くて恐縮だが、魔法瓶業界において、かつてはガラス容器による保温が業界の〝常識〟となっていた。メーカーもユーザーも、ガラス容器で可能な保温力が魔法瓶の限界と理解されていた。さらにガラス容器は重く、落とすと割れやすく、さらに氷を入れにくいという構造上の問題も抱えていた。

そうした中、日本最大の工業用ガスメーカーである日本酸素（現・大陽日酸）は1979年、まったく畑違いの魔法瓶業界に参入し、象印マホービン、タイガー魔法瓶という老舗企業をおさえて、一躍リーダー企業に躍り出た（現在のブランド名は「サーモス」）。工業用ガス会社が、なぜ魔法瓶に進出したかと言うと、工業用ガスの製造過程で用いる高圧技術、低温技術、真空技術、ガスコントロール技術が、そのまま魔法瓶にも応用できるからであった。

特に、工業用ガス運搬用の大型タンクローリーは、まさに「巨大な魔法瓶」と言えた。こうした技術を用いて、日本酸素はこれまでにないステンレス製二重真空魔法瓶を完成させた。ステンレス製魔法瓶は、保温力をはるかに高めることに成功し、さらにこれまでの「重い、割れやすい、氷を入れにくい」という問題も、一気に解決した。

その後、象印、タイガーなどの老舗企業も（タイガーなどは、大陽日酸からのOEM調達を手がかりに）、ステンレス製に変更し、1985年にはガラス製とステンレス製の販売本数が逆転した。このケースは、侵入者が業界とユーザーの〝常識〟を塗り替えた典型例と言える。

また、リーダー企業が細かくターゲット・マーケティングを展開しているときに、あえてその逆の戦略をとるやり方もある。アパレル分野では、ワールド、オンワードなどのトップ企業は、年齢、性別、ライフスタイル別に、細かいターゲット・マーケティングを展開している。

しかし、かつてのユニクロ（ファーストリテイリング）は流行を追わず、年齢・性別で区分されない衣料品を提供し、業界の常識をくつがえした（その後、ユニクロは男女別や年齢別の商品政策に転換した）。フリース、ヒートテック、超軽量ダウンなど、低価格で流行に流されないという同社のコンセプトは、顧客ニーズに応えたものであった。

(2)価格の〝常識〟を攻撃する

価格の常識には、大きく分けて三種類の常識がある。価格水準、価格の表示方法、価格の信頼性の常識である。

①価格水準の常識

一つめの「価格水準」だが、他業界での経験曲線（エクスペリエンス・カーブ）を生かして価格設定を行うと、当該業界のリーダー企業でも追随できないケースがある。経験曲線は本来、同一の業界において蓄積したものが、業界の分析をする際のベースとなっており、最大の累積生産量を持つ企業が、最低のコスト水準を達成でき、そのために最大キャッシュ・フローを享受できるという理論である。よく使われる例は、累積生産量が2倍になることにより、コストが約20〜30％下がるという経験曲線である。

しかし、他業界での累積生産量を持つ企業が参入してくると、当業界においては、格段に低い価格でも利益が出るケースがある。カシオ計算機が楽器業界（電子キーボード）に入ったケースがそれであり、カシオは電卓業界で蓄積した半導体の経験曲線をもって、楽器業界に参入した。

楽器業界だけを考えれば、当時最大の累積生産量を誇っていたのはヤマハやローランドであり、彼らよりも低い価格設定では、利益が出ないはずであった。しかしカシオは、すでに電卓において彼らの累積経験量をはるかに超える半導体の累積生産量を持っていたため、電子キーボードで格段に低い価格設定をしても、利益が出る体質になっていた。そのため「悪い競争業者」となって、業界の価格の常識を崩壊させてしまった。

またソニーは2000年に「プレイステーション2」を3万9800円で発表したが、ゲーム業界としては妥当な価格であった。しかしDVDが見られるプレーヤーとして見ると、家電業界では破格の低価格であり、これを機に日本でDVDプレーヤーの市場が一気に拡大した。また、2006年に発売した「プレイステーション3」でも、ブルーレイ・ディスクが再生できるプレーヤーとしては、破格の4万9980円という価格づけであった。

●健診弱者のためのワンコイン健診

「人間ドックに行くほどではないが、数値が良くなっているかを知りたいので、血液検査を受けたい」——このようなニーズを持つ人は少なくないが、そのためには病院に行って採血してもらうしかなかった。しかし、平日働く会社員は、なかなか病院に行く時間もとれず、予約の手間もかかった。

こうしたニーズに対して、気軽に「ワンコイン健診」が受けられる場として、ケアプロは生まれた。ケアプロの創業者は、大学時代に医療現場を訪問し、医療の現場は非効率が多いことを感じていた。卒業後は東大医学部附属病院に看護師として就職したが、そこで数年間健康診断を受けずに、病気が深刻になるまで放置していた患者に遭遇した。

その理由として、健診を「受けない」のではなく、健診を受けたくても「受けられない」〝健診弱者〟が多数いることがわかった。日本には健診を受けていない成人は約4000万人おり、健康保険証を持っていない人も多数いることがわかった。

そこで〝健診弱者〟のためのクイック健診の事業を考えた。彼はこのビジネスモデルを考えるにあたって、カット専門のQBハウスを参考にした。

2007年にケアプロ株式会社を設立し、東京の中野に1号店を開設した。事業のキャッチフレーズは、「ワンコイン」と「クイック」であった。血糖値や総コレステロール値、中性脂肪値の検査は500円で、血糖値なら10秒、ヘモグロビン値なら7分程度で結果を手渡しする。その三項目に、骨密度、血圧、体重、身長、BMIを加えた検査は1500円のセットメニューとした。しかし、法律や規制、慣習の壁は厚かった。

第一に、採血には法律の壁が存在していた。日本では医師法により、医師の指示がないと採血することはできない。しかし、現場に医師を配置したら、人件費だけで赤字になってしまう。そこでケアプロは、採血という行為を「自己検査」と位置づけた。自己検査であれば、検温と同じように、受診者が自らの責任で行うことができる。一般の人が自分で血液を採取するには、注射針を使用することはむずかしいため、指先に使い捨ての針を軽く刺す簡単なキットを開発した。

第二に、血液検査は頻繁に利用されるサービスではなく、家賃や看護師の人件費を差し引けば、赤字であった。

そこでケアプロは、ビジネスモデルを全面的に見直した。店舗で顧客を待っているのではなく、ショッピングセンター、遊技場、フィットネス・クラブや製薬会社のイベントなどに出張して、そこで健診するサービスに重点を移した。出張する場合には、各地の保健所に届けを出す必要があった。しかし、保健所は前例のないケアプロのサービスに対して、「違法ではないがグレーである」ということで、難色を示すところが多かった。

ケアプロの競合は、高価な人間ドックというよりも、地域の医療機関や自治体の健診であった。それらは価格は安いが、①予約、受診、精算の手間や時間がかかる、②検査場所に行くことへの物理的・心理的距離、③健診に関する情報不足、などの問題があった。一方で、健診で異常が見つかった場合には、次の精密検査などは、紹介しやすいメリットがあった。

ケアプロでは、①〜③に関しては、ワンコインと出張健診で解決し、検査後、常駐する看護師がアドバイスし、受診項目ごとのパンフレットを手渡すことで対応している。

●スマホゲーム代が目安の予備校代

リクルートの山口文洋氏は、大学受験における経済格差と地域格差の問題を解決しようと考えていた。都市部に住む裕福な生徒は、放課後に予備校に通うこともでき、模擬試験も好きなだけ受けられる。一方、地方在住で経済的に恵まれない生徒は、周りに塾や予備校もなく、模擬試験を受けるにも、多大な交通費・旅費と時間をかける必要があった。

そこで山口氏が考えたのが、一流の予備校講師を先生役にしてインターネットを使い動画で受講できる仕組みであった。当初、月額5000円で試行したが、期待したほど生徒が集まらず、その後、月額980円で何科目でも受講可能というシステムに変更した。980円という価格は、原価から設定したものではなく、スマホでゲーム代に払う金額から導き出した。スタディサプリは、こうして経済格差、地域格差を解決する手段として、誕生したのである。

スタディサプリは瞬く間に普及し、開始3年で25万人の受講者を獲得した。当初は高校の先生に反対されると考えていたが、生徒の学習レベルに応じて学習できることから、個別対応ができると、学校単位で加入してくれるところも出てきた。

ICTの流れの中で、予備校もそれに対応していかなくてはならないが、河合塾、駿台予備校などの大手予備校は、大都市に多数の校舎を持ち、有名講師を多数抱えているため、オンライン教育に転換することはむずかしい。かつ980円という単価で競争することもできない。スタディサプリが伸長する中、伝統的な予備校の今後の戦略が注目される。

②価格の表示方法の常識

二つめである「価格の表示方法」の〝常識〟を攻撃する戦略を説明しよう。

マーケティング理論から言えば、「価格」の役割は、「価値表示」にあると言われている（嶋口・石井1987）。すなわち価格は、顧客に対して、その製品・サービスが持つ価値を伝える重要な手段なのである。

しかし、製品やサービスによっては、高級料亭のように、「価格を表示しないこと」に価値があると考えられているものもある。また質屋など、「価格があっても、そこから交渉がはじまる」という業界も少なくない。

ここでは、価格がグレーであった業界に、価格を明示して参入してきた事例を紹介してみよう。

●価格を明示したミスミ

販売代理店ではなく、「購買代理店」というコンセプトを掲げた商社ミスミは、従来個別の価格交渉が当たり前であった金型用部品などの分野で、カタログ通販による定価販売という方法で成長してきた。

ミスミの前身は、水道の自動栓の販売を行う会社であったが、これに失敗し、ベアリングの販売から再スタートした。すると、ロールベアリングのロールだけを売ってほしいという客が出てきた。それはロールがプレス金型のノックピン（位置決め用の部品）として使えるからであり、そうしたロールがあれば欲しいというユーザーは、他にもいたのである。

こうした経験からミスミは、ユーザーの求めるものをユーザーに代わってメーカーから調達してくる「購買代理店」というコンセプトを掲げ、生産財分野で「分散している小口ユーザーのニーズを集め、標準化を進めてマーケットを作る」ビジネスをはじめた。営業マンを置かず、カタログを作成し、それを設計者や現場の意思決定者に配布し、注文を受ける。受けた注文に対して、それをオープン・コンペティションにかけて協力メーカーに生産してもらい、それをユーザーに納品するというものであった。

従来、金型用部品の分野は、営業マンが直接顧客を歩いて回り、数量・納期をはじめ相手ごとに価格交渉があり、定価はあってなきがごとしであった。しかし、ミスミのやり方は、カタログに記載された通りの定価販売（数量割引き・特急割増しも明示）であり、相手によって一切差をつけないというものであった。すなわちトヨタ自動車であろうと、小さな町工場であろうと、同一の条件で取り引きすることにしたのである。

こうしたやり方は当初、伝統的な企業からは「生意気だ」と批判されたが、金型の設計者は、いちいち営業マンと会って交渉するよりも、時間があれば図面に向かっている方が好きな人が多く、交渉不要のミスミのやり方への賛同者が増えてきた。また、ミスミのシステムは、小さい企業でも自社だけ損することがなく、安心して発注できるものであった。

営業マンを多数かかえる競合の商社は、こうしたミスミのやり方に追随できなかった。ミスミはこのやり方で、プレス金型用部品からプラスチック金型用部品、FA用部品などへと事業を拡大してきた。

●「10分、1000円」の安心感

「10分、1000円」。このわかりやすい価格表示が、クイックマッサージや散髪店、ストレッチ店などに登場してきた。従来マッサージなどは、外から見える店頭に価格が示されていることは稀であり、初めての店に飛び込むことは、非常に勇気がいった。

しかし、1000円という値段と、最初から価格が示されるという透明さが、入る前の割安感と安心感につながり、人気を呼んだと言えよう。

最近増えつつあるJR東日本の駅ナカ・シェアオフィス「STATION WORK」も、1人15分250円であり、1時間では1000円となっている。

③価格変動の常識

中古品買取・販売の「コメ兵」は、実体は〝巨大な質屋〟である。しかし従来の質屋のように、買取りに際して、価格を提示してから交渉がはじまるやりとりを一切やめ、一発回答をルールとした。すなわち顧客にとっては提示された価格で売るか、売らないかのわりやすい選択になった。これによって、交渉の苦手な女性や、初めて来店する客にも安心感を与えることに成功した。

価格交渉のないカーリース

コスモ石油は2010年からガソリンスタンドで車をリースできる「コスモ・スマートビークル」事業をはじめた。メイン・ターゲットは地方在住の家族の2台目の車であり、運転者としては、女性やシニアが中心である。

主婦やシニアは、車を購入するためにディーラーで価格交渉するのは苦手であり、かつ車のメカに関してもあまりくわしくない。こうした層に対し、コスモ石油は近くのガソリンスタンドで車をリースできる仕組みを作り上げ、メンテナンスもガソリンスタンドで完結できるようにした。価格はすべてネットに表示されており、値引きは一切ない。

コスモ・スマートビークルでは、全メーカー、全車種から車を選べる。特定メーカーと手を組むと味方も作るが、敵も作ってしまう。全メーカーと組み、かつ地元のディーラーから車を仕入れることによって、ディーラーにとっては新しい販売チャネルが一つ増えたことになり、win-winの関係になったのである。

ガソリンスタンドの業界は、今日では3社寡占であり、1位ENEOSホールディングス（旧：JXTGホールディングス）、2位の昭和シェル＋出光興産で、そこから大きく離されてコスモエネルギーホールディングス（コスモ石油）となっている。シェアの差はガソリンスタンドの立地の差にも現われており、ENEOSは国道沿いの一等地にスタンドがあるのに対し、コスモ石油は生活道路に面するスタンドが多い。

そのためコスモ石油では、以前からガソリン以外の収入を求め、車検などに力を入れてきており、整備士の資格を持つガソリンスタンドの従業員も多かった。

コスモ・スマートビークルは開始から6年で、リース実績6万台と伸長を示したが、リーダーのENEOSホールディングスはリース事業に追随していない。

リーダーのENEOSにとっては、規模の経済性が効くため、1リットルでも多くガソリンを販売する方が利益率は上がり、リースの商談のような手間のかかるビジネスを行うと、ガソリンの販売に機会喪失が生じるため、追随しない（できない）のである。

④価格の信頼性の常識

三つめに、価格の「信頼性の低さ」を攻撃する戦略があげられる。かつては、大工さんに一軒家を建ててもらうときのように、見積もりは「一つの目安」という感覚が強かった。また、引っ越しサービスも「見積もり」はあくまで「見積もり」であり、引っ越しが済んだ後に追加料金を請求されることがよくあった。

しかし、最近の見積もり価格は、消費者に定価の感覚で受け取られるケースが多くなってきた。そのため業者が示した見積もり価格と、実際の請求価格との間にズレが出ると、クレームになるケースが増えてきた。

そこで「これ以上は一切いただきません」というパック料金を設定したアートコーポレーションやヤマト運輸などの大手企業が、シェアを伸ばしてきた。もちろん、追加料金発生のリスクをパック料金の中に入れこんでいるため割高になっているはずであるが、消費者にとっては、後から支払金額が変わらない安心感がある。

こうしたパック料金を実施するには、業者にとってリスク・ヘッジできるためにある程度の規模（顧客数）が必要であり、そのため地元の業者よりも、大企業の方が有利になってきた。

さらに、引っ越し作業者への気配りや心遣いに関しても、曖昧な部分をなるべくなくし、たとえばヤマト運輸などでは「作業者への昼食は不要」を明示している。このように、可視性および信頼性の高い価格設定が、侵入者の武器となっている。

●葬儀も戒名も明朗会計

葬儀に関しては、当初の見積もりと実際の請求金額が異なるという声も多く、国民生活センターへの相談件数は増えている。また、お坊さんにいくらお礼をすべきなのかは明示されないのが業界の慣習であった。さらに、正規の給料をもらっているはずの斎場の係員や運転手に、非課税の心付けを払う慣習も続いている。

イオンは2009年に子会社イオンライフを設立し、葬儀の仲介サービスに参入した。日本全国の葬儀の平均価格が約140万円に比べて、イオンのプランは平均60～70万円と、低価格でコンパクト志向である(7)。さらに2011年からは、追加料金なしの定額プランもはじめた。

また、2012年には、葬儀の価格比較サイトを運営していたユニクエスト・オンラインは、お布施の料金を明示し、明朗会計を打ち出した。

さらに2015年には、葬儀社の検索サイトを運営する「みんれび」（現：よりそう）は、法事や法要の際にアマゾンのマーケット・プレイスから僧侶を手配ができる「お坊さん便」サービスもはじめた。料金は1回3万5000円からで、追加で2万円を払えば戒名を受けられる。〝心付け〟などは一切不要である。

こうした動きに対して、日本の仏教界における全国組織である全日本仏教会は、「何でも商売にして儲けるのは、世俗主義」と抗議を繰り返してきているが、価格の明瞭化は時代の流れかもしれない。

(3) 流通チャネルの〝常識〟を攻撃する

侵入者は、業界が使っていた従来のチャネルにとらわれることなく、新たな流通チャネルを開拓することができる。

●いまどき〝手売り〟で売る雑誌

一般に雑誌は、日販、トーハンなどの出版取次業者を通して、書店で販売されている。しかし、このご時世に、手売りで消費者に売っている雑誌がある。雑誌「ビッグイシュー」はイギリス発祥の雑誌であり、ビッグイシュー日本版は2003年から発行されている。記事内容は、教育、食、環境問題など硬派の記事が多い。

「ビッグイシュー」は、ホームレスの人の社会的自立を支援する社会事業である。雑誌を書店で販売するのではなく、駅前などの人通りの多い場所で、ホームレスの人が「手売り」で販売している。

仕組みとしては、定価350円の雑誌を1冊売ると180円が販売者の収入になる。最初の10冊は会社から無料で提供され、その売上（３５００円）を元手に、11冊以降は1冊１７０円で仕入れてもらう仕組みである。これまで総額13億円以上が、販売者の収入になってきた。

販売者は路上で生活しているか、安定した自分の住まいを持たない方々で、この販売によって、ホームレス状態から抜け出すことを主眼としている。共同代表の佐野章二氏は、「雑誌の願いはホームレスの人がいなくなるようにすること。だから廃刊が目標」(8)と語っている。

「ビッグイシュー」がたくさん売れることによって、ホームレスから抜け出せる人も増えてくるが、それによって売り手が減り、販売部数が落ち、経営的には赤字になる、というジレンマを抱えている。

最盛期には、1号あたり約3万部の売上があったが、ホームレスが減ったこともあり、現在では平均2万部になっている。（これはＫＡＤＯＫＡＷＡが発行していた「東京ウォーカー」に匹敵する部数であった）。

２００３年には国内に約2万５０００人のホームレスがいたが、２０１９年には４５００人に減少、それにともない年間販売部数も60万部から40万部に落ちた(9)。

経営的に赤字が続いてきたことから、２０２０年4月から雑誌の販売価格を４５０円に値上げし、販売者の収入は230円になる。販売者は1号当り200部ほど売るため、部数を維持できれば、今回の値上げで月収は10万円程度になる。

(4)販売促進の〝常識〟を攻撃する

多くの業界では、広告宣伝費は売上高の大体何%という横並びの傾向がある。しかし、他業界から参入してくると、これをまったく無視した巨額な広告宣伝費や販売促進費が投じられるケースがある。

こうなると業界の常識としては十分な広告をしているつもりでも、競争上は意味がなくなってしまう。

QRコード決済のパイオニアである独立系のOrigami（オリガミ）は、ソフトバンクや楽天の膨大な資金力を背景としたキャンペーンに、資金力から追随できなかった。オリガミは、その後資金繰りも悪化し、2020年1月にメルカリに市場価格を大きく下回る価格で買収された。

ハズキルーペも、たかだか単価1万円の商品に対して、有名タレントを使った長尺のテレビCMを投入しており、これも老眼鏡の販促の世界では、ありえないことであった。

〝非常識な〟キャンペーンのソフトバンク

国内のＱＲコード決済に関しては、「ＬＩＮＥペイ」（２０１４年）、「楽天ペイ」（２０１６年）などで先行する中、後発のソフトバンク・グループは、２０１８年12月に「PayPay」を開始した。

そして開始と同時に、PayPayで支払った購入額の20％を、総額が１００億円になるまで購入者にキャッシュバックすると発表した。このキャンペーンは業界を揺るがす金額であり、開始から10日間で、当初の予定よりかなり早くキャンペーンは終了した。このキャンペーンには一人当たりの上限額がなく、単純にPayPayで払えば2割引になるという〝非常識な〟キャンペーンであった。

これによって後発にもかかわらず、急激に加入者を増やしたPayPayは、一気にＱＲコード決済で首位に立った。そして２０１９年2月には、再度１００億円キャッシュバックキャンペーンを実施した（二回目は、1人5万円の上限を設けた）。これによって、サービス開始から4カ月で４００万人の加入者を獲得した。

実はソフトバンク・グループ（ヤフーＢＢ）は、かつて２００２年のＡＤＳＬの時代にも、ＡＤＳＬ用モデムを誰にでも無料で配布し、さらに3カ月利用料無料というキャンペーンを行い、ＮＴＴグループをしのぐスピードでＡＤＳＬ加入者を増やし、トップに立った経験を持つ。

●販促費を1カ月に集中

事例は若干古いが、日本では1995年までは、ワープロソフトはジャストシステムの「一太郎」、表計算ソフトは「ロータス1－2－3」が高いシェアを持っていた。他方、マイクロソフトの「ワード」と「エクセル」は、後塵を拝していた。当時、ワープロソフトでマイクロソフトがトップでない国は、日本と韓国だけであった。

マイクロソフトは1996年4月に、ジャストシステムの本社がある四国で、集中的にテレビ広告を打った。ジャストシステムはそれに対抗するために新年度早々に大量の広告を打ち、応戦した。

その後、ジャストシステムの広告予算が底をついたと見たマイクロソフトは、12月商戦時に前年比3倍以上の広告を投入した。これを機にトップシェアを奪った。

マイクロソフトがこれだけの広告宣伝費を投入できた背景には、米国本社のバックアップもあったが、一太郎の〝玉切れ〟のタイミングに集中投下した作戦は、日本法人の巧妙な戦略であったと言えよう（ジャストシステムが3月決算、マイクロソフトが12月決算であることも関係していたかもしれない）。

4　業界の常識を変えた侵入者

侵入者は、以上のようなマーケティング・ミックスの一つの要素だけを武器として参入してくるわけではない。多くの場合、それらを複合した新しい仕組みを作って参入し、その業界に古くからあった〝常識〟をくつがえしていくことがある。

以下では、そうしたケースを紹介しよう。

(1) まったく別のC・F・Tを設定する

事業を規定する要因は、顧客（C）、機能（F）、技術（T）の三要素にあると言われる（エイベル［1980、山田・水島］1988）。ここで顧客とは、その事業が便益を提供する相手であり、機能とは顧客が対価を払う対象であり、技術とは当該事業を成立させている競争優位となる資源を指す。

一見、同業種に見える業態であっても、このC・F・Tを変えることによって、まったく違う事業の進め方をすることができる。

図表4-2

古書店 vs. リサイクル本屋

	古書店	リサイクル本屋
顧客（C）	読者家、学生	若年層
機能（F）	不要本の再販、希少本の再販	低価格での本・雑誌・CD・DVDの提供
技術（T）	見積もり能力、依頼本の収集力	営業マニュアル、レイアウト

出所：筆者作成

●リサイクル本屋ブックオフ

本書の冒頭でも述べたが、古書店のノウハウを身につけるには、10年以上かかると言われてきた。買い取りや売値を決めるためには、あらゆる本の人気度、稀少性などを熟知していなくてはならないからである。

この業界にまったく異なるC・F・Tをもって参入してきたのが、ブックオフコーポレーションである。ブックオフは、「リサイクル本屋」という事業コンセプトで参入した企業である。業態としては古書店の範疇に入るが、事業のやり方は従来の古書店とはまったく違う。その両者のC・F・Tを抽出すると、図表4－2のようになる。

顧客（C）として狙ったのは、従来の古書店に通っていたような本が趣味の顧客ではなく若者であった。そのため立地も、彼らが家から歩いていけるところとした。品揃えも専門書や学術書よりは、コミックや文庫本・単行本など広い層の要望に応えられるものを中心とした。

そこで顧客に提供する機能（F）は、希少本の提供ではなく、読み捨て的な本や雑誌を低価格で提供している。さらにこの事業を運営する技術（T）は、従来の古書店に求められる独特なノウハウではなく、パートやアルバイトでも店舗運営できるマニュアルを作成している。

たとえば、きれいな本であれば、原則定価の1割で買い取り、定価の5割で販売する。そして一定期間売れなかった本は、あるルールで値下げするようにマニュアルができている。また、本を探しやすい作家名別陳列やコンビニ並みの店内の明るさも、店に入りやすい仕組みの一つと言える。このようにブックオフは、法律上は古物商に入るが、従来の古書店業界に新しいコンセプトを持って参入してきた。

●普段着で行くスタジオアリス

従来写真館は、入学・卒業・結婚・還暦・新年といったハレのときに訪れる敷居の高い存在であった。「先生」と呼ばれる熟練のカメラマンが控え、厳粛なスタジオで撮影が行われ

図表4-3

写真館 vs. スタジオアリス

	写真館	スタジオアリス
顧客（C）	着飾った家族	普段着のファミリー
機能（F）	ハレの日の記念写真	便利な記念写真
技術（T）	写真師の腕前	デジタル技術、スタッフの対応

出所：筆者作成

ていた。また、写真のネガ（画像を作る写真フィルム）の著作権が撮影者にあるため、ネガを分けてもらうことはできなかった。

そのような写真館に、独自のビジネスモデルで参入してきたのが、スタジオアリスである。同社は、「既存の写真館の不便さを、便利に変えること」を目指し、子ども写真に特化した写真館を展開してきた。撮影内容としては、売上の4割が七五三で、以下、誕生日、お宮参りなどが続いている。

スタジオアリスには、気軽に入れ、気軽に撮ってもらえるさまざまな工夫がなされている。

第一に、多くが大型商業施設に立地しており、外部からも店内の様子が見えるようにしてある。

第二に、スタッフが女性中心で、子どもの緊張をほぐすノウハウを蓄積している。また撮影から着付けなどの技術をマニュアル化し、複数の業務をこなしている。

第三に、貸衣裳、着付け、ヘアメイクはすべて無料で、衣裳は何回試してもよい。そのため着飾って来店しなくても、普段着で気軽に写真館に入れる。撮影は、何カット撮影しても定額制である。写真代も比較的低価格に抑えている。

第四に、顧客は撮影した画像をモニター画面で確認し、気に入ったものだけを注文できる。これはデジタルの特長を最大限に活かしたものである。従来の写真館では、特にフィルム・カメラの時代には、すぐに画像を確認できないことから、写真の選択は館長に任されていた。しかし、スタジオアリスでは、普段着で訪れた顧客に、衣裳を取り替えながら撮影した多くのショットを見せる。その中から顧客は自由に選択できる。このプロセスを経ることによって結果的に、顧客が選ぶ写真の枚数は格段に増え、来店客の5割はリピート客となっている。

このようなスタジオアリスの成長を横目で見て、新規参入や既存の写真館でも業態を変える企業が出てきており、業界の構造は大きく変わりつつある。

最近ではスタジオアリスは、出張撮影にも力を入れており、保育園・幼稚園の遠足などに出向いて撮影したり、お宮参りなどに家族と同行して、一日の様子を撮影するなど、カメラマンが出向くビジネスも定着してきた。

図表4-4

街の花屋 vs. 青山フラワーマーケット

	街の花屋	青山フラワーマーケット
顧客（C）	個人＆法人	個人
機能（F）	非日常の装飾	普段使いの花束
技術（T）	多種の花を最高の状態で揃える	立地、低破棄率

出所：筆者作成

●普段使いの花、青山フラワーマーケット

「青山フラワーマーケット」（企業名はパーク・コーポレーション）が店舗を増やしている。同社は1989年に設立され、駅など都市部の一等地の人通りの多いところに、7坪程度の店を構える。同社はBtoCに特化し、花を数日で売り切ってしまうビジネスモデルである。同社はターゲットを、非日常的なギフト用ではなく、日常的に家庭で花を飾る個人に絞った。

既存の花屋は、BtoCの店舗のように見えても、同時にBtoBの事業を行なっている店も少なくない。彼らは、花のセリでツボミの状態の花を仕入れてきて、店舗内の冷蔵庫に保管し、花が開きかけた頃に、冠婚葬祭やホテルなどに納める外商ビジネスも行なってい

る（そのために、店内の冷蔵庫は必須である）。

一方、青山フラワーマーケットは、セリで仕入れてきた花を数日で売り切るため、店内に冷蔵庫は持たない。ツボミの花だけでなく、多少開きかけた花も仕入れられる。仕入原価は、どちらが安いであろうか。

伝統的な花屋は、祝宴に使われる胡蝶蘭のような花も備えておく必要があり、多種多様な花を冷蔵庫に保管しておく必要があり、青山フラワーマーケットのビジネスモデルに同質化することはむずかしい(10)。

(2) まったく異なるビジネスモデルを持つ

規制業界などでは、「利益の上げ方」も業界横並びで、誰もそれを疑うことさえしない。しかし、そうしたビジネスモデルも、既存企業が生きていくためのモデルであり、侵入者にとっては、まったく異なるモデルを作り出すことができる。

●人材派遣を喰うクラウド・ソーシング

人材派遣業は、人件費を固定費化したくない企業側のニーズ、会社に縛られずに自分のスキルで働きたい働き手のニーズの双方から、これまで成長を続けてきた。日本の大手では、パーソルホールディングス、パソナグループなどがある。この人材派遣業にまったくの異業種から切り込んできたのが、クラウド・ソーシング企業である。

たとえば、米国クラウド・ソーシング企業大手のElanceとoDeskは合併し、「Upwork」というマッチング・サイトを提供している(11)。

クラウド・ソーシングは、インターネットを介して多数の人々を対象に、仕事を発注する仕組みであり、国境や言語を超えて世界に普及しつつある。仕組みは単純で、仕事を発注したい企業や個人が、Upworkに仕事の内容を示した求人を出し、そのウェブを見た個人が受注希望を出し、Upworkはメールやチャットなどで〝面接〟し、条件が合えば発注する。仕事や納品が終わると、発注者はUpworkを通して働いた人へ報酬を支払う。その際に、オーデスクは報酬の10％程度を手数料として取る。

Upworkに登録する多くはフリーランスの人だが、会社員でも学生や主婦でも、仕事の要件を満たせば誰でも、どの国の人でも可能である。報酬は時給をベースに支払われるが、ハイエンドの専門的業務の場合には、稼働時間ではなくタスク内容で決められる場合がある。納品後、発注者は働き手の仕事の質を評価し、それは働き手のプロフィール欄に書き込まれる。ここに市場原理が働いている。

(3) 感情価値の転換

消費者をターゲットとした製品・サービスの場合、これまで後ろ暗い、後ろ指を指されやすい分野では、「感情価値の転換」により新しい商品・サービスを興すチャンスは大きい。

その古典的なケースとして、インスタントコーヒーがあげられる。アメリカで開発されたインスタントコーヒーは、自信を持って市場に投入されたが、当初は売れ行き不振であった。その原因を深く探ってみると、コーヒーを淹れるという行為は、当時のアメリカでは妻の夫への愛情表現の一つであった。それをインスタントにするということは、愛情の「手抜き」であると夫から思われないかと妻が心配したため、普及しなかったのである（レビット 1962）。

そこでインスタントコーヒー会社は、「インスタントによって豆を挽く時間を短くできるので、夫との語らいの時間がもっと増える」と訴求を変えた。これが成功し、インスタントコーヒーは普及しはじめたのである。

このように感情価値の転換を図ることによって、成熟産業と思われていたものが、消費者ニーズにマッチしたビジネスとして生まれかわるケースは少なくない（図表4－5参照）。

図表4-5

感情価値の転換

	古い価値観	新しい価値観
託児事業	子どもを預けてパート	働く女性のサポート
紙おむつ	育児の手抜き	母親もぐっすり寝られ、いきいき育児 赤ちゃんの夜泣きが減る
使い捨てコンタクトレンズ	物を粗末にする	雑菌が入らない
老眼鏡	老人のメガネ	小さい文字を読む
フリーマーケット	不用品の現金化	リサイクルによる省資源
質屋・金券屋	資金繰りに困ったときの非常手段	コスト・セービング
老人のショートステイ	「親の面倒も見ないで」	介護する人の健康
惣菜手配	食事の手抜き	家では作りにくい料理
古本屋	貧しい学生の書店 読書家の希少本探索	リサイクル書店
冷凍食品	料理の手抜き	本物の味を家庭で
ババシャツ	老人のシャツ	ウォームビズ

●老眼でも胸を張れるハズキルーペ

ハズキルーペは、2010年に発売されたルーペ（拡大鏡）である。同社の親会社は神田通信工業であり、以前は電電公社（現NTT）に黒電話を納めていた電々ファミリーの会社である。

拡大鏡は通称「老眼鏡」とも呼ばれ、他人に見せびらかすような商品ではなかった。眼鏡店や雑貨店で、ひそかに購入するものであった。従来は、「老眼鏡を使う＝年寄り」という価値観が強く、日陰の存在であったのである。

ところがハズキルーペは、その価値観を変え、小さい文字が見えないのは「字が小さすぎるからだ」と訴えた。すなわち、年をとって目が衰えたというネガティブな表現ではなく、「見えやすいようにルーペを使う」というポジティブな表現に変えたのである。

ハズキルーペは有名な俳優を複数使い、長時間のテレビ広告枠で、同製品の丈夫さをアピールする広告を大量に投入した。同製品の単価（1万円ほど）からすれば、過大な広告投入量とも言えたが、CMでの「文字が小さすぎて読めない」という言葉は、広く認知された。

広告のお陰で認知度も高まり、眼鏡店でも消費者が指名買いするプル型商品になってきた。類似品も少なくないが、広告で形成されたブランド力から、値崩れしない展開が続いている。

●ホテルができないハウスウェディング

かつて日本においては、結婚式はホテルや結婚式場で行うことが多かった。しかし、近年この分野に、「ハウスウェディング」という新しいカテゴリーが生まれた。ハウスウェディングとは、邸宅式場を貸し切り、顧客ごとに手づくりの披露宴を行うことを言う。この分野にはさまざまな新規参入がある。たとえば「テイクアンドギヴ・ニーズ」（以下T&G）は1998年に設立され、2019年3月期には売上高669億円、営業利益435億円を上げるまでに成長した。

結婚式市場は少子化の影響もあり、今後の高成長は期待できない。それにもかかわらず、T&Gが同市場に参入した理由は二つある。まず、成熟市場と言われながらも、結婚式市場は3兆円という巨大な規模を持っていること。そして同市場では、供給側の常識と顧客ニーズに大きなギャップがあったことである。

旧来の日本の結婚式のスタイルは、結婚する本人たちよりも、両家のお披露目に重点が置かれていた。また、画一的な大量生産方式により回転率を高めることで、固定費の高いホテル・式場側にもメリットがあった。

しかし、1993年にリクルートがブライダル情報誌「ゼクシィ」を創刊し、結婚式に関する情報が増えてきた。また、結婚という人生における大きな節目に際し、自分らしさを演出したり、家庭的な温かさを望むような価値観の変化もあり、これまでのパッケージ商品に満足しないカップルが増えてきた。

かつての披露宴に不可欠であった仲人を立てた挙式は激減した。披露宴の主人公が「家」から「個人」へと移行してきたのである。会場については、ホテルや結婚式場が減少する一方、ハウスウェディングが増えてきた。このようなハウスウェディングにニーズがあることはわかってきたが、既存のホテルや結婚式場が簡単には追随できない要因として、以下の四つをあげることができる。

・回転率の問題

ホテル、結婚式場は固定費が高いため、画一的な披露宴で「回転率」を高めることが経営上必要であった。しかしハウスウェディングは貸し切りになり、回転率が悪くなる。

・個別対応ノウハウの不足

T&Gでは、ウェディングプランナーと呼ばれる挙式・披露宴の企画・運営を行う専門スタッフを配し、顧客一人ひとりのニーズにあった対応をしている。それに対し、ホテル・結婚式場は、パッケージ商品が主流であったため、個別対応のノウハウには乏しかった。

・占有のむずかしさ

ハウスウェディングは、建物や庭を完全貸切りにすることにより、関係者だけによる挙式・披露宴を演出できる。しかし、ホテルや結婚式場は、建物を専有使用できないため、ハウスウェディングのようなアットホームな雰囲気を演出することがむずかしい。

・細かい対応のむずかしさ

T&Gは、顧客ニーズにあった付帯商品をウェディングプランナー自身が調達できる。一方、ホテルや結婚式場は、これまでの取引関係から、調達先が限定され、きめ細かい対応ができない。

以上のように、ホテル・結婚式場は、ハウスウェディングのニーズがあることは理解しながらも、既存の経営資源や取引関係から、なかなか追随できないでいる。

●2時間あるから、ちょうどいい

大昔は、名古屋～大阪間の移動には、近鉄の特急「ビスタカー」が愛用されていた。近鉄特急の名阪間の輸送シェアは、７割を占めていた。しかし、１９６４年に東海道新幹線が開業してから、スピードでは新幹線にまったくかなわなくなった（新幹線では約50分、近鉄特急では約2時間であった）。

近鉄は料金では優位性を保っていたが、名阪間の移動において近鉄のシェアは激減し、車両の編成も短くせざるをえなくなった。

そこで近鉄は、起死回生のキャンペーンを２００４年からはじめた。キャッチフレーズは「2時間あるから、ちょうどいい」であり、名阪間約2時間の過ごし方を「スローライフ」の視点からいろいろな提案をした。「遅い」を逆手にとったのである。2時間の過ごし方のガイドブックを配布、２時間の過ごし方のアイデアの公募、快眠アイマスクのプレゼントなどを実施した。

実は2時間という時間は、早すぎず、遅すぎずで、睡眠に最適な時間だったのである。人にやさしい睡眠サイクル1回が約90分であり、それに入眠・起床の時間を合わせると約2時間になる。指定通りの席に座っていれば、車掌が端末機器で特急券の販売状況を確認できるため、車内検札はなく、就寝中起こされることはない。

高速で移動するだけなら、新幹線に1日の長があるが、快適に移動したい場合には、近鉄特急を心地良い睡眠の場としたのであった。

近鉄は2020年に、国内の鉄道の中で最大級の座席間隔を備えたプレミアム車両を持つ「ひのとり」を運転開始しており、後部座席に気兼ねなくリクライニングできる「バックシェル」も全車両に設置した。現在では新幹線の4分の1の乗客を運んでいる(12)。

(4)バリューチェーンの一部に入り込む

規制緩和や技術革新が進む中で、バリューチェーンの解体が進んできた。侵入者には、既存企業のバリューチェーンとまったく異なる形で参入するパターンがある。特に、既存企業が持つバリューチェーンの一部分だけを持って参入する侵入者が増えている。

●フィットネスクラブのシェアリング

シェアリング・エコノミーの進展の中で、ハードウェアを持たない新規参入業者が増えている。ウーバー、エアビーアンドビー、アキッパ（駐車場のシェアリング）などが有名であるが、フィットネスクラブにも新たな参入者が登場してきた。

米国のクラスパス、日本の「Nupp1」（会社名はロセオ株式会社）は、複数のフィットネスクラブと提携し、それをシェアリングで使える仕組みを作った。Nupp1は2019年から、国内初のフィットネスクラブ向けのシェアリング・サービスをはじめた。関東では

45店（2020年3月現在）のクラブと提携し、1分単位でクラブを使える仕組みである。利用できるクラブには、ティップネス、NAS、JOYFIT24、東急スポーツオアシスなどが含まれている。

フィットネスクラブ側としては、設備は固定費であり、多くの人が利用してくれた方がよい。空いている時間にNupp1で利用してもらえば、一番助かる。利用客がNupp1に払った料金は、Nupp1が手数料をとった上で、利用したクラブに支払われる。ちなみに、提携ジムの月額会費以上に利用した場合には、そのジムの会員になることを勧めるメールが利用者に届く。

こうした仕組みは、「手余り」（閑散期）と「手不足」（繁忙期）が存在する業界への新しいビジネスとして新規参入の余地がある。次に紹介するラクスルも同様である。

●印刷機を持たない印刷会社

印刷業界は設備過剰の業界と言われており、機械の平均稼働率は50％前後と言われている。そのような業界に参入してきたのが、ラクスルである。実はラクスルは、印刷機を持っていない〝印刷会社〟である。

顧客からの注文をインターネットで受け、それを「手余り」の印刷会社に依頼し、低コスト、短納期で顧客に届ける仕組みを作った。機械が遊んでいる「手余り」の印刷会社では、変動費がまかなえれば、仕事を取った方が得であり、ラクスルからの発注はありがたい。

ラクスルは印刷業界に参入したが、印刷のバリューチェーンの中で、受注とお届け業務だけに特化して業務を行なっている（その後、印刷で使うインクの共同購買も行い、低価格で印刷会社に提供している）。

ラクスルはまったく同じ仕組みで、ネットで受けた運送の注文を、手余りのトラック運転手に仕事を割り振る「ハコベル」という事業も進めている。

Note

注1：『日経トレンディ』２０１９年10月号

注2：『日経ビジネス』２０２０年1月27日号

注3：アイリスオーヤマは、もともとクリスマスのイルミネーションの豆電球を販売していたが、電気代がかかり、すぐに切れてしまうためLEDに転換した。日亜化学からチップを買って、アイリスオーヤマでLED電球を製造した（「ユーザーインの思想で消費者に快適さを提供するメーカーベンダーをめざす」『一橋ビジネスレビュー』2013 Aut）

注4：「極細軽量スティッククリーナー／アイリスオーヤマ」『Works』第１５９号、pp.48-53、２０２０・４－５月号

注5：『経営者会報』２００１年10月号

注6：注5と同じ

注7：『日経ビジネス』2018年8月6～13日号

注8：日本経済新聞夕刊　2018年3月24日

注9：日本経済新聞夕刊　2020年3月25日

注10：花卉小売りの老舗、日比谷花壇は、「ハナノヒ」と呼ぶ定額制サービスで、月額1187円（税別）で毎日1本の花を受け取れる「イイハナプラン」をはじめている（他に、好きな花を選べるより高いプランもある）。

注11：日経産業新聞　2019年7月29日

注12：日経産業新聞　2020年2月9日

第5章

挑戦者の戦略

1　競争戦略の定石

(1) 競争戦略とは何か

同じ業界において下位企業（挑戦者）が持っている経営資源は、リーダー企業に比べて質・量ともに劣る場合が多い。したがって、業界破壊者や侵入者のようにリーダー企業と、まったくレベルの違う技術を開発することはむずかしく、また以前からその業界にいたため、業界のルールから大幅にはずれたマーケティング政策もとりにくい。

すなわち挑戦者には、業界破壊者や侵入者のような極立った攻撃の武器がないため、彼らよりも一層頭を使ったリーダー企業攻撃の施策が必要となる。同じ業界でいかに競争していくかに関しては、これまでにも研究例が多く、理論化もこの分野が一番進んでいる。それが「競争戦略」と呼ばれる研究分野である。

競争戦略とは、「企業が新市場において全体的姿勢を明確にし、最大の投資リターンを目指して競争優位な地位に経営資源を投入し、展開する方法と方向の決定」（嶋口１９８６）と定義される。これまでの競争戦略の研究には、大きく分けると二つのタイプがある。

図表5-1

競争戦略の研究タイプ

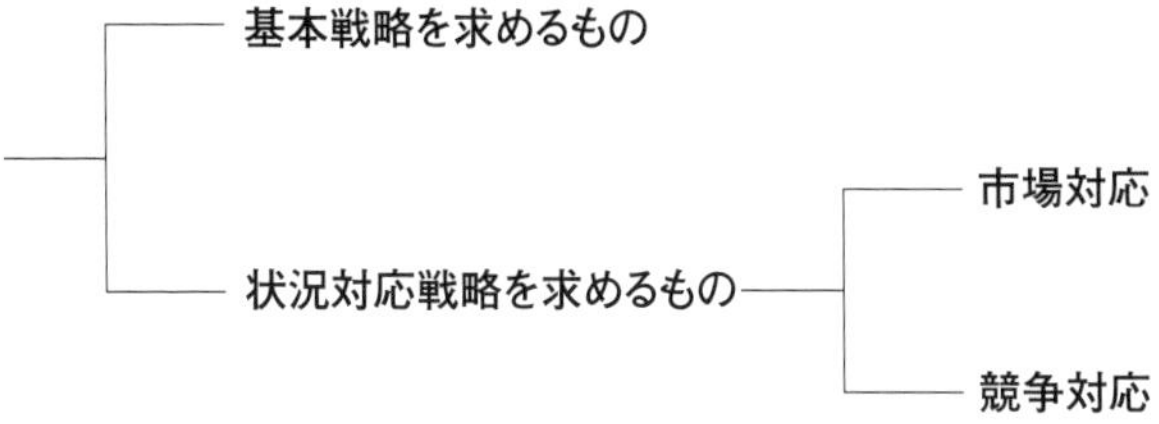

出所　山田英夫『デファクト・スタンダードの競争戦略　第2版』

第一のタイプは、ポーターやホールに代表され、どの企業にでも必要な基本戦略（ジェネリック・ストラテジー）を探求する研究である。ポーター（1980）は、どこの企業においても必要とされる競争の基本的なパターンを

①コスト・リーダーシップ
②差別化
③集中

の三つにまとめた。

コスト・リーダーシップとは、「同業者よりも低いコストを実現する」戦略である。差別化とは、「業界の中でも特異だと思われる何かを創造しようとする」戦略である。集中

とは、「特定の買い手や製品の種類や特定の地域市場などに、企業の資源を集中する」戦略であり、集中にはコスト集中と差別化集中の二種類がある。企業においては、この三つの基本戦略の少なくとも一つで、卓越した戦略を構築することが必要であると主張している。

また、ホール（1980）は、アメリカの八つの成熟業界における64社の企業の研究から、成功している企業に共通の戦略を導き出した。その最大のポイントは成熟産業に属していたとしても、コスト・リーダーシップと差別化のいずれか、あるいはその両方が同時に優れている企業は、高い業績をあげている点である。

ポーターによれば、コスト・リーダーシップと差別化とは相反するものであり、同時に追求することはむずかしいとされたが、ホールはこの両方の戦略を併用し、成功してきたキャタピラーやフィリップ・モリスの例などを示した。

コスト・リーダーシップと差別化の両方が必要という考え方は、ハイテク産業でも検証されている。たとえば、電卓の分野では、その両者を追求したカシオ計算機とシャープだけが生き残り、コスト・リーダーシップだけを追求したテキサス・インスツルメンツは生き残れず、差別化だけを追求したヒューレット・パッカードは、極めて小さなシェアにとどまった（新宅 1986）。

しかし、これらの研究は競争戦略の定石（エキス）を抽出したという意味では高い評価が下されているが、企業の実務レベルから見るとやや抽象的すぎ、現実の戦略構築には役立ちにくいという声も聞かれる。すなわち、抽出された戦略は、誰もが否定できない公理ではあるが、「それでは自社はどうしたらよいのか」という戦略構築の場面では、使いにくいというものである。

(2) 市場地位別の戦略

競争戦略の研究のもう一つのタイプは、企業の置かれた状況に応じて望ましい戦略を探究するものである。これらは主にマーケティング分野で研究され、市場の状況に応じた戦略を探究するもの（たとえば、製品ライフサイクルに応じた戦略定石）と、競争の状況に応じた戦略を探究するものに分けられる。なお、市場対応の戦略は「逆転の競争戦略」と関係が薄いため、ここでは後者の競争対応の戦略定石に絞って述べる。

競争対応の戦略定石の研究には、市場地位別に望ましい戦略を探究するものや、市場への先発・後発別に望ましい戦略を探究するものがある。本書では前者を中心に一部後者の研究成果も取り入れて、議論を進めていくことにする。

市場地位別の戦略からは、パナソニックにもソニーにも良い戦略というものはなく、パナソニックはパナソニックの置かれたポジション（業界のリーダー）、ソニーはソニーの置かれたポジションによって、望ましい戦略は違うと言われてきた。こうした市場地位別の研究には、ブルーム&コトラー(1975)、ハマーメッシュ他(1978)、エイベル&ハモンド(1979)、嶋口(1984、1986)、バゼル&ゲイル(1987)、コトラー(1988)などがある。

市場の地位に関しては、当初はエイベル&ハモンド(1979)などに見られるように、リーダーとフォロワーという図式を描き、その中で競争戦略の定石を導き出そうと試みられてきた。しかし、リーダーとフォロワーという二種類の分類ではあまりに単純なことから、それらを発展させた形でコトラー、嶋口の四類型(リーダー、チャレンジャー、ニッチャー、フォロワー)の理論が出てきた。

コトラーはマーケット・シェアの大きさでこの四つを分類したが、嶋口は経営資源の質と量という二つの尺度を用い、競争地位を図表5-2のような四つに類型化した。本書では以下、嶋口(1986)の理論をベースに考えていく。

リーダーとは、「量的経営資源にも質的経営資源にも優れる企業」と定義され、一般に業界のマーケット・シェア1位の企業を指す。日本の製薬業界で言えば、最大の売上高を誇る武田薬品工業がリーダーの位置にある。

図表5-2

相対的経営資源による競争地位の類型

相対的経営資源	量（力）大	量（力）小
質（技）高	リーダー	ニッチャー
質（技）低	チャレンジャー	フォロワー

出所　嶋口充輝『統合マーケティング』

チャレンジャーとは、「量的経営資源には優れるが、質的経営資源がリーダー企業に対して相対的に劣るような企業」と定義され、リーダーの地位を狙う立場にある企業を指す。通常は業界の2～4位企業をさす場合が多い。製薬業界で言えば、アステラス製薬、第一三共、エーザイなどがチャレンジャーにあたる。

ニッチャーとは、「質的経営資源には優れるが、量的経営資源がリーダー企業に対して相対的に劣るような企業」と定義され、リーダーのようなフルライン戦略や量の拡大を狙わない企業を指す。製薬業界で言えば、特殊な領域で力を持つ小野薬品などがニッチャーにあたる。

フォロワーとは、「量的経営資源にも質的経営資源にも恵まれない企業」と定義され、直ちにはリーダーの地位を狙えないような企業を指す。製薬業界で言えば、沢井製薬のようなジェネリック（後発医薬品）メーカーがフォロワーの位置にある。

こうした四類型は、どのタイプの企業が良い悪いということではなく、どのポジションにいる企業は、どのような戦略をとれば効果的かという視点から分類されている。またこのタイプ分けは未来永劫不動ではなく、かつてチャレンジャーであった企業がリーダー企業になったり、ニッチャー企業がチャレンジャーになることもある。

前者の例としては、普通紙複写機において富士ゼロックスを逆転したキヤノン、住宅用アルミサッシにおいてＹＫＫを逆転したＬＩＸＩＬなどがこれにあたり、後者の例としては、乗用車の分野で、当初のニッチャーからチャレンジャーに転身した本田技研工業などがあげられる。

(3)リーダー企業の戦略定石

リーダー企業の戦略定石としては、①周辺需要拡大、②同質化政策、③非価格対応、④最適シェア維持の四つが示されている（嶋口 １９８６）。

①周辺需要拡大

周辺需要拡大とは、市場のパイを拡大させることである。リーダー企業は競合企業に対し、質・量ともに優れた経営資源（生産力、マーケティング力、資金力など）を持っている。したがって周辺に需要が拡大すると、その拡大した部分の需要が特許などにより参入を阻止されない限り、既存市場のシェア相当分は獲得可能である。

たとえば、これまで夜だけ歯磨きしていた人が多いとすると、「朝も夜も歯磨きをしましょう」というキャンペーンが当たれば、歯磨きの消費量は2倍になる。「毎食後」キャンペーンが当たれば、一挙に3倍になる。

朝はライオン、夜はサンスターという人はめったにいないであろうから、リーダー企業のライオンにとっては、拡大された需要部分に対して、最低でも既存のシェア分は確保できる。周辺需要拡大により、売上の増加とシェアの維持が同時に達成できるのである。

②同質化政策

同質化政策とは、チャレンジャーがとってきた差別化戦略に対して、リーダーの持つ相対的に優位な経営資源によって、それらを模倣し、その差別化効果を無にしてしまう政策である。パナソニック、トヨタ自動車、日本コカ・コーラのように、下位企業のヒット商品をうまく真似て経営資源の優位性を生かして、1位に君臨し続ける戦略である。

この同質化政策には、完全同質化と改善同質化の二つのパターンがある（嶋口1984）。「完全同質化」とは、下位企業とまったく同じ商品を同じ価格で出す政策である。たとえば、日本コカ・コーラの製品ラインを見ると、現在は自社開発したものより、他社製品を模倣した商品のほうが目立つ。アクエリアスは大塚製薬のポカリスエットの模倣であり、お茶は伊藤園、ジョージアはUCC上島珈琲の缶コーヒーの模倣である。しかし、日本コカ・コーラは清涼飲料水の競争の鍵となっている自動販売機の圧倒的な多さによって、後発で模倣にもかかわらず、多くの商品でトップ・シェアを占めている。

一方「改善同質化」とは、下位企業の商品を十分に研究し、それを少しだけ改良・改善し、発売するやり方である。日本ではパナソニックが、このやり方で成功をおさめてきた。ブルーレイ・レコーダーで言えば、二層式ディスクに初めて対応したり、同時録画チューナー数を増やす、いち早く4K対応をするなどして、シェアを維持してきた。

この同質化政策は、チャレンジャー企業が逆転の競争戦略を考えるにあたって、鍵となる概念である。

●いまも残る家電の同質化競争

家電業界では、いまでも同質化競争が盛んである。ユニークな製品を開発し、かつデザインにも優れる家電メーカー、英国のダイソンに対する対応が典型例である。日本でダイソンを有名にしたのが、1999年に発売されたサイクロン式（遠心分離集塵）掃除機である。それ以前の掃除機の主流は、紙パックを用いた真空掃除機であったが、サイクロン式は紙パックを不要にした製品であった。

ダイソンの掃除機は高価格ながらも、その吸引力を魅力に、日本の消費者に普及していった。しかし、普及すると見るや否や日本の家電メーカーの同質化競争がはじまった。三菱電機、シャープ、東芝などから次々とサイクロン式が発売されたのである。

また、ダイソンは2009年に、羽根のない扇風機を発売した。電気扇風機は100年以上も基本的な構造に変化がなかったが、そこにダイソンが〝風穴〟をあけたのであった。「風を送る」という機能と、「羽根がない」という形状は、とてもアンマッチで不思議な商品であったが、指をはさまれないという安全上の理由や、デザインの美しさから購入する消費者が増えてきた。

すると、2013年にはシャープやパナソニックから、羽のない扇風機が発売された。せっかくユニークな製品・デザインで市場を開拓したダイソンであるが、短期間に日本企業に同質化競争を仕掛けられ、ヨーロッパなみのシェアが獲得できないでいる。

他にも、米国のアイロボット社が開発したロボット型円盤掃除機「ルンバ」が日本市場に投入されるや否や、東芝、シャープなどから類似商品が発売された。このように日本の家電業界ではいまでも、同質化競争が盛んにとられている。

③非価格対応

非価格対応とは、下位企業の安売り競争に安易に応じないことである。なぜならば、すべての企業が揃って1割引をすれば、利益が一番減るのは、リーダー企業であるからである。

かつて、日本マクドナルド、吉野家、ＪＴＢなどのリーダー企業が、この定石を無視した価格競争を仕掛けたこともある。しかし、これらは一時的な他社蹴落としのためや、他の要因と絡みあった場合の戦術と位置づけるべきであろう（たとえば、旅行会社においては、低価格化によってシェアをとると、翌年の航空機の座席やホテルの部屋枠をとる際に、強い交渉力を発揮することができる）。

④最適シェア維持

シェアをとりすぎると、独禁法などの問題により、かえってトータル・コストが高くなる場合もある。また、80％のシェアを85％にする営業努力は、40％のシェアを45％にするときよりも営業効率が悪く、利益率が向上しないこともありうる。それは、「おいしくない顧客」

をとらなくてはならないからである。リーダー企業は、「良い競争業者」においしくない需要をとってもらった方が、自社の利益率が高くなるのである。

(4) チャレンジャー企業の差別化戦略

チャレンジャー企業に関しては、「リーダーが追随できないような差別化戦略をとる」(嶋口 1986) ことが戦略定石と言われている。しかし、どのような戦略をとることがリーダー企業にとり、追随できないような差別化戦略であるかに関しては、過去の研究では代替案が箇条書き的に示されるにとどまっていた。そのいくつかを紹介すると、以下のようになる。

〈コトラー『マーケティング・マネジメント』(1991)〉

「チャレンジャーがとり得る戦略」

①価格引き下げ、②大衆価格製品、③高品質高価格、④製品拡張、⑤製品イノベーション、⑥サービス改善、⑦流通イノベーション、⑧製造コスト低減、⑨広告・販促強化

〈ポーター『競争優位の戦略』(1985)〉

「リーダーの報復を封じる手段」

①戦略の矛盾、②リーダーの反撃コストの高さ、③財務上の優先順位の相違、④ポートフォリオ戦略上の制約、⑤規制圧力、⑥盲点、⑦価格設定の誤り、⑧紳士的競争

〈ワード&スターチ"When are market leaders most likely to be attacked?"(1986)〉

「リーダーが転落しやすい条件」

①政治的変化、②予期しない大災害、③新技術・代替技術による攻撃、④異端企業による攻撃、⑤強力な2位企業の不在、⑥リーダーが高価格戦略、⑦新しいポジショニング、差別化、セグメンテーション、⑧リーダーが比較的小規模、⑨2位企業の地域的拡大、⑩リーダーがマーケティングに積極的でない、⑪リーダーが重要な戦略上の弱みを持つ、⑫リーダーの重要なチャネルを攻撃

〈嶋口充輝『統合マーケティング』(1986)〉

「リーダーが同質化できない仕組み」

①製品上の差別化、②価格上の差別化、③流通上の差別化、④販売上の差別化

〈ライズ&トラウト『マーケティング戦争』(1986)〉

「積極攻撃の原則」

①リーダーのポジションの強みを考え抜く、②リーダーの強みに潜む弱点を見つけて、そこを攻撃、③できるだけ絞り込んだ前線で攻撃する

〈織畑基一『情報世紀への企業革新』（1990）〉

「追随者の戦略」

①差別化、②首位企業の〝虚〟をつく、③自分の強みを築けるセグメントに集中する、④〝競争の原理〟を変える

〈クリステンセン『イノベーションのジレンマ』（1997）〉

「すぐれた経営が失敗につながる理由」

①製品の性能を高める持続的技術と従来とは異なる価値基準をもたらす破壊的技術、②技術革新のペースが時として市場の需要を上回ること、③破壊的技術に投資するのは合理的でないと判断してしまうこと

〈クスマノ&ヨッフィー『ネットスケープ vs. マイクロソフト』（1998）〉

「柔道戦略の基本」

①無競争の市場に早急に入る、②強者から直接攻撃を受けたら逃げる、③相手の力と戦略を逆手にとる、④相手より力が劣っていたら、相撲はとらない

〈原田勉『ケースで読む　競争逆転の経営戦略』（2000）〉

「既存の競争次元の変化・淘汰に対処することに失敗する理由」

①環境変化による成功要因の誤解、②競争手段の変化に脱落する、③既存の競争次元への過剰適合

〈ヨッフィー&クワック『柔道ストラテジー』（2001）〉

「大きさや体力で劣る企業が成功するための戦略」

①ムーブメント（攻撃を呼び込まず、戦いの場を決め、フォロースルーを加える）、②バランス（相手をしっかりつかみ、全面対決せず、引かれたら押す）、③レバレッジ（競合の資産、パートナー、競合のライバルにレバレッジを効かせる）

〈丸山謙治『競合と戦わずして勝つ戦略』（2008）〉

「チャレンジャーの戦略」

①強みの裏に潜む弱点を攻撃、②供給者を分析し市場を細分化、③斬新なコンセプトで新カテゴリーを創造

〈内田和成『ゲーム・チェンジャーの競争戦略』（２０１５）〉

「ゲーム・チェンジャーのタイプ」

①プロセス改革型（同一製品を異なるバリューチェーンで提供）、②秩序破壊型（同一製品を異なるビジネスモデルで提供）、③市場創造型（リーダーが標的としていなかった市場を創造）、④ビジネス創造型（世の中に存在しなかったビジネスを創造）

これらの研究から導かれた戦略は、それぞれ事例による検証もあり、多くの状況で妥当性を持つが、箇条書き的に戦略案を羅列するだけでは、包括性に欠ける可能性もある。そこで以下では、リーダーが追随しにくい戦略を、もう少し包括的に考えるフレームワークを考えてみよう。

2 リーダー企業が追随しにくい戦略

「リーダー企業が追随しにくい戦略」を考える上で手がかりとなるのが、先に述べたリーダー企業の戦略定石のうちの同質化政策である。同質化政策とは、挑戦者がとってきた差別化戦略に対して、リーダーの持つ相対的に優位な経営資源によってそれらを模倣・追随し、その差別化効果を無にしてしまう政策である。

(1) なぜ、同質化がリーダー企業に有利なのか

同質化がなぜリーダー企業にとって有利な政策かというと、図表5－3のような図式が成り立つからである。

新たに誕生した市場にリーダー企業が同質化を仕掛けることで、その市場は大きくなる。なぜならば、リーダー企業は下位企業よりもより多くの生産能力、営業員数、チャネル・カバー率、販促費などを持っており、顧客がその市場を認知したり、それを購入する可能性がリーダーの参入により急に高くなるからである。

たとえば、1986年に宝酒造はノンアルコール・ビール「バービカン」を発売したが、

図表5-3

リーダーが同質化により有利になる構図

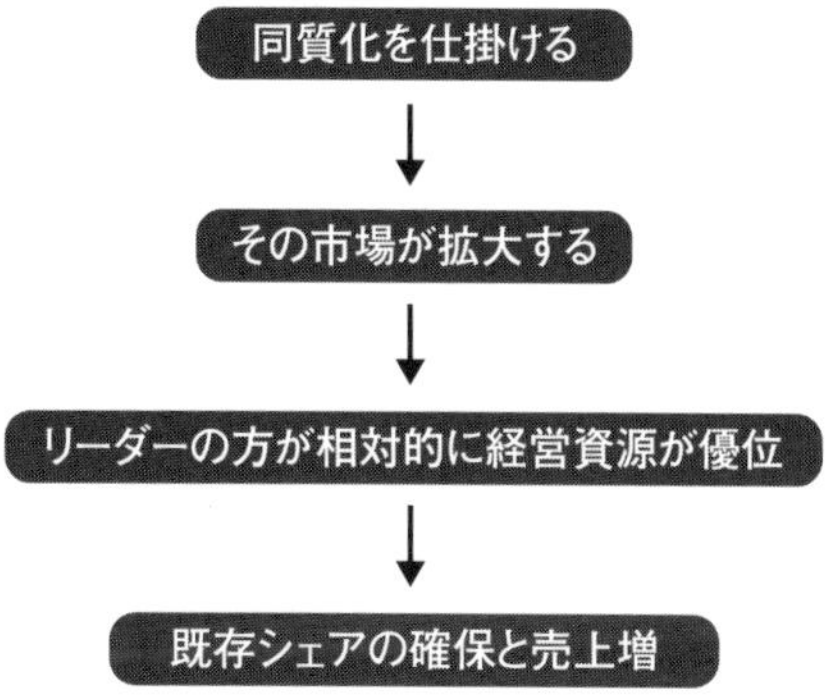

大手の追随はなく、市場を確立するに至らなかった(1)。

一方、2009年頃から発売されたノンアルコール・ビールは、大手各社が追随することによって、大きな市場となった。また、サントリーが開拓した発泡酒の市場は、リーダーを競うキリンビールとアサヒビールが参入することによって、急激に大きくなった。

そして拡大した市場に対して、リーダー企業は相対的に優位な経営資源を持っているため同じことをやれば、既存のシェア相当の市場は獲得できる。

この結果、新たな市場において、最低でも既存のシェアを確保し、かつ全体として売上増が期待できるのである。

(2) リーダー企業が同質化しにくい二つの状況

それでは、どのような場合にでもリーダー企業は同質化政策をとることができるのであろうか。過去のケースを分析すると、リーダー企業が同質化政策を仕掛けにくい状況は存在する。リーダー企業が同質化できない状況には、次の二つの種類がある。

一つは、「同質化したい（Will）にもかかわらず、同質化できない（Can not）」状況であり、二つは「同質化できる（Can）にもかかわらず、同質化したくない（Will not）」状況である。

前者は、ユーザー・ニーズがあるため、挑戦者と同じ戦略をとりたいが、経営資源の大幅な組み替えが必要なことから、迅速に資源の組み替えができず、追随しにくい状況を指す。後者は、挑戦者と同じ戦略をとろうと思えば大きな資源の組み替えなしにとれるが、さまざまな事情により、企業としては採用したくない状況を指す。こうした状況ではリーダー企業に不協和が生じ、リーダーの戦略定石である同質化政策を仕掛けることができない。

リーダー企業の同質化政策に関する組み合わせをすべて列挙すると、図表5－4のようになる。同質化「したい」し「できる」場合には、何の制約もなく同質化政策を仕掛ける。同質化「したくない」し「できない」場合には、対応なしで問題はない。四つの状況のうち「Will & Can not」と「Can & Will not」の場合に、リーダー企業に不協和が生じるのである。本書では、この二つの状況を作り出す挑戦者の戦略を、「リーダー企業が追随しにくい戦略」と呼ぶことにする。

図表5-4

同質化に関する四つの状況

同質化	したい（Will）	したくない（Will not）
できる（Can）	同質化を仕掛ける	不協和の発生
できない（Can not）	不協和の発生	対応せず

(3) リーダー企業が追随しにくい戦略

それではリーダーが同質化できず、不協和が発生する状況を作り出すためには、挑戦者はどのような戦略をとればよいのであろうか。そのために攻撃の対象、攻撃の方法の二つの視点から考えていく必要があろう。

①「企業資産」「市場資産」を攻撃

本書の冒頭では、資産があるがゆえに環境変化に対応できず、後退を強いられたリーダー企業のケースを述べてきた。過去の経営理論は、「経営資源は、多ければ多いほど良い」という前提で組み立てられてきたが、それは大きな環境変化がない場合や、競争業者が同じような競争のやり方で攻撃してきた場合のみ有効な概念である。一方で、大きな環境変化が起きたり、まったく異なる競争のやり方で競争業者が攻撃してきた場合には、「持つことが不利になる」状況が発生する。

こうした状況を作り出すために挑戦者が攻撃する対象としては、リーダー企業の持つ企業資産と市場資産の二種類がある。すなわち、リーダー企業が企業内（企業グループ、系列チャネルも含む）に蓄積してきた資産（企業資産）を攻撃するか、リーダー企業のユーザー側に蓄積された資産（市場資産）を攻撃するのかである。企業資産の例としては、たとえば資生堂には、これまでの同社の成長を支えてきた美容部員やチェーンストアという資産がある。

他方、市場資産には、ソフトウエアや交換部品という目に見える資産だけではなく、企業に対するイメージのような無形資産も含まれる。リーダー企業はユーザーに対して一種のメッセージを送っており、ユーザーはそのメッセージを受けて自己の購買行動を正当化する。これは、認知不協和理論（フェスティンガー１９５７）によって説明されてきたものである。

②「Can't」「Won't」の視点から攻める

リーダー企業が追随しにくい戦略を考える視点として、まず、「攻撃の方法」があげられる。

先に述べたように、リーダー企業を「Will & Can not」の状況に陥れるか、「Can & Will not」の状況に陥れるかである。以下では表現を単純化し、前者を「Can'tを攻める」、後者を「Won'tを攻める」と呼ぼう。

まず「Can't」を攻められるとリーダー企業は、挑戦者の提供する製品やチャネルの方にユーザー・ニーズがあるとすれば、本来であれば同質化政策をとりたいが、資源の大幅な組み替えが必要なことから、迅速に資源の組み替えができず、追随しにくい。たとえば、自動改札機は、磁気カード式から非接触ＩＣカード式（例：Suica やIcoca）に置きかわった。一世代前の磁気カード式自動改札機のリーダー企業は、技術の流れは把握していても、あまりに早く非接触の時代に移行してしまうと、磁気カード式に投じてきた投資が回収できなくなってしまうという悩みがあった。

「Can't」を攻める戦略は、リーダー企業が新旧製品の併売もしくは、旧製品から新製品への転換を迫られる場合に有効である。また、この攻撃がとられた場合、リーダー企業が感じる不協和がピークに達するのは、同質化しようとする製品の上市（発売）前である。逆に、経営資源の組み替えに成功し、上市に成功すれば、不協和は減衰していく。

一方、「Won't」を攻められると、資源の大きな組み替えもなく同質化政策をとろうと思えばとれるが、社内外の事情によりリーダー企業として追随しにくい。企業や顧客が長期にわたって保持してきた論理に対して、それを否定したり、従来の論理と矛盾するような新しい論理を挑戦者が持ち込むことにより、リーダー企業には不協和が生じる。

「Won't」を攻める攻略は、リーダー企業が新旧製品の併売を迫られる場合に有効である。この不協和は、上市前には社内的なものにとどまっているが、実際に製品が上市されると、そこからダメージが顕在化（例：イメージダウン、製品の共喰い）するという特徴をもっている。すなわち、本当のダメージは上市後にあるのである。

③リーダー企業が追随しにくい戦略

ここまで述べてきたような攻撃の対象と攻め方の二つを組み合わせると、図表5－5のようなリーダー企業が追随しにくい戦略の枠組みを示すことができる。

図表5－5のように表現することによって、従来は箇条書きでしか示されなかった「リーダー企業が追随しにくい戦略」を、以前よりは網羅的に整理することができた。しかし、実際に企業が戦略を構築することを考えると、図表5－5のタテ軸は戦略発想がしにくい表現にとどまっている。それは、「具体的にどんな攻め方をすればよいのか」という方向が示されているのではなく、「リーダー企業が追随できない理由」が表現されているにすぎないか

図表5-5

リーダー企業が追随しにくい戦略の枠組み

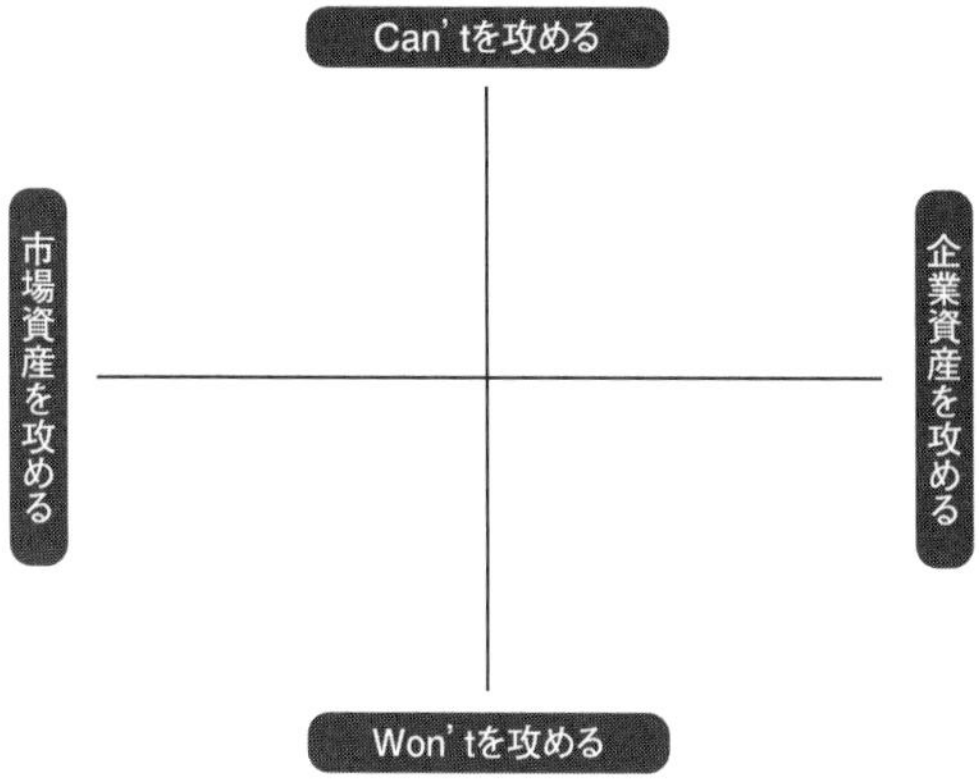

らである。

そこで、分類の厳密性はやや緩めなくてはならないが、図表5－5を実践的なツールとして使えるようにするために、タテ軸の表現を修正してみよう。

まずタテ軸の上側の表現であるが、「Can't」とは、リーダーが即座に資源の組み替えができない状況を指す。組み替えが必要な資源は、競争上、重要な役割を果たしている資源でなくては攻撃の効果は少ない。すなわち、リーダー企業が競争優位の源に関わる資源の組み替えを迫られたときに、最も効果的な攻撃となるのである。

そこで以下ではタテ軸の上側を、挑戦者の具体的な行動を示す「競争優位の源泉を攻める」という表現に書き直してみよう。

他方、タテ軸の下側の表現であるが、「Won't」とは、挑戦者が新たな製品を出した結果、それに安易に追随すると、リーダーが主力としてきた旧製品と新製品との間で不協和が生じるというものである。すなわち挑戦者は、必ずしも直接に競争優位の源に関わるポイントを攻撃する必要はなく、新たな競争要因を追加することによって、リーダー企業に不協和を生じさせればよい。そこでタテ軸の下側を、挑戦者の具体的な行動として「新たな競争要因を追加する」という表現に書き直してみよう。

このような新しい軸の表現をもとに図表5－5を書き直すと、図表5－6のようになる。そして各象限に位置する戦略を、「企業資産の負債化」「市場資産の負債化」「論理の自縛化」「事業の共喰化」と呼ぶことにする。

この四つの戦略について、その概要を説明すると以下のようになる。

企業資産の負債化とは

組み替えのむずかしい企業資産（ヒト、モノ、カネ、情報など）および企業グループが保有する資産（系列店、代理店、営業職員など）が、競争上価値を持たなくなるような製品・サービスやマネジメント・システムを開発することによって、リーダーを攻撃する戦略である。

図表5-6

リーダーが追随しにくい挑戦者の戦略

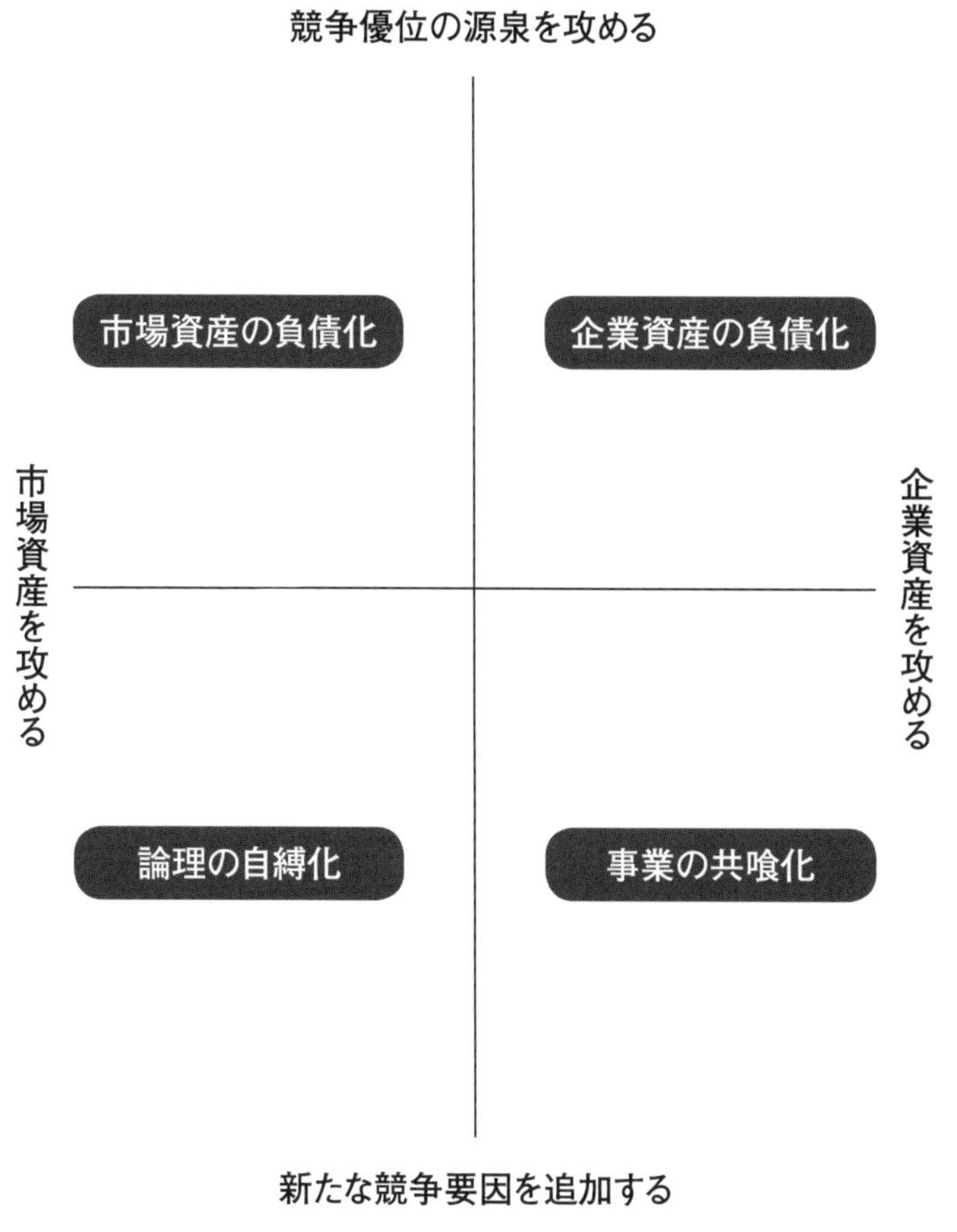

市場資産の負債化とは

これは、リーダー企業の製品・サービスを購入してきたユーザー・サイドに蓄積され、組み替えのむずかしい資産（ソフトウエア、交換部品など）が、競争上価値を持たなくなるような製品・サービスやマネジメント・システムを開発することによって、リーダーを攻撃する戦略である。

論理の自縛化とは

これまでリーダー企業がユーザーに対して発信していた論理と矛盾するような製品・サービスを出すことによって、安易に追随すると大きなイメージダウンを引き起こすのではないかと、リーダー企業内に不協和を引き起こす戦略である。

事業の共喰化とは

リーダーが強みとしてきた製品・サービスと共喰い関係にあるような製品・サービスを出すことによって、リーダー企業内に追随すべきか否かの不協和を引き起こす戦略である。

以上の四つの戦略は、同業内の挑戦者にとって有効な戦略と言えるが、先に述べた侵入者

図表5-7

リーダー企業が追随しにくい戦略

挑戦者・侵入者	戦略	リーダー企業	追随しにくい理由
企業資産の負債化			
モスバーガー	受注生産	日本マクドナルド	見込み生産しないと量産不能
旧ケンウッド	モデルチェンジなし	ソニー、パナソニック	多くの開発資源を保有
ライフネット生命	手数料の内訳公開	日本生命	営業職員のコスト高
アマゾン	クラウド	IBM	大型機の売上減
テイク&ギブニーズ	ハウスウエディング	ホテル・結婚式場	回転率が下がる
市場資産の負債化			
アサヒ飲料	朝専門缶コーヒー	日本コカ・コーラ	ジョージアは全方位製品
フェリカ	近距離無線機通信規格	フィリップス・モトローラ	ICカードでISO取得済み
欧米大学の日本校	MBA課程	日本の大学	文部科学省の認可は必須
英治出版	書棚より背の高い書籍	大手出版社	多数の本を棚に並べる必要
旧エッソ石油	他社カードで割引き	新日本石油	カードが固定客化の武器
神戸製鋼所	油圧ショベル	コマツ	互換性がないことが有利
論理の自縛化			
アキレス	瞬足	アディダス・ナイキ	左右非対称は選手に不適
サントリー	生ビール	キリンビール	当時のラガーは新鮮ではない?
リブセンス	成功報酬型	リクルート	定額前払い
ファンケル	無添加化粧品	資生堂	腐らない大型容器
J&J	使い捨てコンタクト	メニコン	使い捨てだと売上減
			法令順守を謳いにくい
UCC上島珈琲	JOLTコーラ	日本コカ・コーラ	カフェイン2倍（コークの）
事業の共食い化			
コンビニ	いれたてコーヒー	スターバックス	値下げできない
J&J	小型歯ブラシ	ライオン	歯磨きの消費量が減る
ソニー損保	走行距離別保険料	東京海上日動	保険料の減収
QBハウス	1000円カット	伝統的理髪店	値下げできない
カーブス	健康体操教室	コナミスポーツ	値下げできない、 混む

にとっても、彼らの競争上の武器とこの四つの戦略のいずれかが組み合わさった場合には、きわめて鋭い攻撃が可能となる。

図表5－7には、そうした事例も含めて述べてある。

以下、順を追いながら、リーダー企業が追随しにくい四つの戦略をくわしく解説していくことにしよう。

3 企業資産の負債化

「エイビスの車をお使いください。カウンターにお並びいただく列は、ずっと短くなっております」

――（ライズ＆トラウト『マーケティング戦争』より）

「企業資産の負債化」とは、挑戦者が競争優位の源泉を攻めることによって、リーダー企業の持っていた相対的に優位な経営資源の蓄積を価値のないものにし、さらには負債にしてしまう戦略である。

最大の経営資源を持っているリーダー企業に、不協和を発生させるためには、即座に組み替えることのむずかしい経営資源を攻撃することが望ましい。即座に組み替えのむずかしい経営資源として、マネジメント・システムや流通チャネルをあげることができる。

(1) マネジメント・システムを攻撃する

リーダー企業は、下位企業に比べて最も多い顧客数を持っている。そして、より多くの顧客のニーズを満たすために、独自のマネジメント・システムを持っている。多くの場合、大量生産・大量販売のシステムである。

挑戦者としては、そのシステムに内在された弱点を探し出し、そこを攻撃するように競争のルールを変えていくことが考えられる。もちろん、競争ルールの変更は、顧客から一層の満足を得られることが条件であることは言うまでもない。

本項の冒頭のエイビス（Avis）の広告コピーが、その典型例であり、アメリカのレンタカー業界において「ナンバー2」を標榜したエイビスは、1位のハーツ（Herts）が追随しようにも追随できない戦略で攻撃してきた。すなわち、顧客数が少ないということは、行列が短く、すぐにチェックインできるというメリットがあり、これこそが最大の武器であったのである(2)。

●なぜ、コンピュータ・メーカーはクラウドが弱いのか

クラウド・コンピューティングでは、アマゾンとマイクロソフトが二強として、世界を支配している。一方で、米国ではIBM、日本ではNEC、富士通などは、クラウド事業では少ないシェアしかとれていない。コンピュータ専門メーカーが、なぜ、クラウドでは後塵を拝しているのだろうか。それは、アマゾンやマイクロソフトは、「大型コンピュータを販売していなかった」ことが大きい。

クラウドは、コンピュータの利用量に応じて課金する料金体系が多い。その料金は、コンピュータ（メインフレーム）を1台購入するよりは、はるかに安い。

IBMなどのコンピュータ・メーカーがクラウド事業をはじめると、初年度はコンピュータを販売するよりも、はるかに少ない収入しか得られない。ユーザーが増え、数年分の収入を合計すれば、コンピュータの販売金額に相当するかもしれないが、少なくとも数年間は減収となる。

そのため、大型コンピュータを販売しておらず、失うものがないアマゾンやマイクロソフトの方がクラウドを推進しやすく、逆にコンピュータ・メーカーは、減収を恐れ、事業転換がしにくいのである。

●モスバーガーだからできたバイオーダー方式

日本でのハンバーガー業界は、日本マクドナルドとモスフードサービス（モスバーガー）が二強である。売上高でトップのマクドナルドに対して、モスバーガーは過去、マクドナルドが出店しないような二等地への出店、和風メニュー（テリヤキバーガー）の先行投入、フランチャイズ・システムなどをとってきた。しかし、重要な差別化ポイントに、「バイオーダー方式」があった。

「バイオーダー方式」とは、顧客の注文を受けてから調理をはじめる方式のことを言う。モスバーガーとしては、ハンバーガーが一番おいしいのは、できたてのときだとアピールし、顧客にできたてを食べてもらうためにこの方式をとってきた。

一方のマクドナルドは、「お客様を32秒以上待たせない」というファスト・フードの原点を守るため、「レディメード方式」を採用してきた。すなわち、見込み客の分を前もって生産しておく方式である。そのために、作ってから7分以上経過したポテトや10分以上経過したハンバーガーは、廃棄処分にするとマニュアルで決められていた。

本来、ハンバーガーは作りたてが一番おいしいことは、マクドナルドにおいても否定できない事実であろう。しかし、だからと言ってマクドナルドがモスバーガーのような「バイオーダー方式」を取り入れることは、やりたくてもできない。

なぜならば、マクドナルドの店舗の立地は一等地であり、当然、地価も高い。したがって高いコストを回収するためには、客の回転をよくして、大量販売せざるをえない。大量販売するためには、客の注文を聞いてから作っていたのでは間に合わない。すなわち、マクドナルドの店舗においては、行列ができるほど顧客が並ぶことが多いため、「バイオーダー方式」を取り入れると、大量の販売機会損失が発生してしまうのである。

さらに、もしマクドナルドがバイオーダー方式に追随すると、顧客全体の待ち時間が長くなり、これまで〝ファスト（速い）フード〟を求めてマクドナルドに来店していた顧客さえも失ってしまう危険性がある。

このようにモスバーガーが仕掛けた「バイオーダー方式」は、ファスト・フード業界においては、顧客数が少ない企業にしかできない戦略だと言うことができる。

●あえてモデルチェンジしないケンウッド

自動車や家電などの分野では、モデルチェンジによって需要を喚起し、消費につなげてきた。短いサイクルでモデルチェンジをするためには、企業体力が必要であり、トヨタ自動車、パナソニックのような大手企業の方が絶対に有利であった。

この世界で、「モデルチェンジしないこと」で顧客満足を勝ち得た事例がある。やや事例は古いが、ケンウッド（現・ＪＶＣケンウッド）が１９９３年に発売した高級オーディオ「K's」がそれである。オーディオ業界も度重なるモデルチェンジで需要を喚起してきたが、同社は、「K'sは三年間モデルチェンジしない」ことを宣言し、実際にこの公約を守った。

「K's」の開発に際しては、本物の音を再現するために、設計者は延べ１０００時間以上も試聴した。「K's」はアンプ、ＣＤプレーヤー、スピーカー合計で16万円と、やや高めの「ハイコンポ」であった。消費者にとっても、せっかく高いお金を払って購入したオーディオ製品が、モデルチェンジにより、あっという間に〝型落ち〟となり、安売りされるのを見るのは、やりきれない。高額なオーディオになればなるほど、その気持ちは強いと言えよう。

しかし、メーカー側の都合としては、企業の持つ経営資源（たとえば、開発者、設計者）を活用する意味からもモデルチェンジが必須であり、ケンウッドの戦略に対して、パナソニックなどの大手企業は同質化政策を仕掛けることはできなかった。

●流行を追わないワークマン

ワークマンは工事現場などで働くプロの作業者向けに、仕事着などを販売する小売りチェーンである。ターゲットを現場の作業者に絞っており、そのために必要な防風、防水、防寒などの機能に優れている。また、最低数年間は継続して販売を続けることから、大量調達による原価低減を可能にしていた。

ワークマンは商品を廃番にするときと、端サイズの処分時以外には値引き販売をせず、そのため高い利益率を確保していた。一般のアウトドア・ファッション企業は、シーズンに入る前に新製品を投入し、型落ち商品は値引き販売で処分してきた。新製品が市場を刺激し、流通もそれを求めていたからである。

最近ワークマンは、プロの作業者ではない一般消費者にもその機能の高さを評価され、アウトドアウエアとして購入されるようになってきた。そのためワークマンは、プロ顧客と一般消費者の両方にアピールできる「ワークマンプラス」という店舗も開き、対応している。

流行の激しいファッション業界にあって、ワークマンはモデルチェンジしないことの価値をアピールし、追随されない強さを誇っている(3)。

(2)流通チャネルを攻撃する

リーダー企業の周辺に確立された流通チャネルは、これまでリーダー企業の発展を支えてきた貴重な資源である。しかし、リーダーにとって流通チャネルは即時組み替え可能ではなく、過去のしがらみなどから、手をつけにくい部分も多い。

挑戦者としては、新しい競争のルールを作り出すことによって、しがらみに縛られたチャネルを使えなくし、さらには重荷（負債）にしてしまうことが考えられる。

●付加保険料の内訳を開示

日本の生命保険は、営業職員と呼ばれる保険の外務員のプッシュによって加入する比率が高かった。かつては、保険商品に企業の差がほとんどなかったことから、営業職員を多数抱える日本生命、第一生命が有利な構造となっていた。

しかし、インターネットの進展に合わせ、保険のリテラシーを高め、自分で保険を選びたいという消費者も出てきた。そうした中、戦後初の独立系ネット生保として、２００８年にライフネット生命が誕生した。同社の経営理念は、「正直に、わかりやすく、安くて、便利に」である。ライフネットは、以下の三つを特長とした。

第一にネット中心で営業職員を持たないことから、その人件費分だけ保険料を安くできる。生保の保険料は、将来の保険金支払いに備える「純保険料」の他に、人件費、店舗費、経費などからなる「付加保険料」の二つからなるが、営業職員による対面販売の場合は付加保険料がどうしても高くなり、保険料が上がる。

ライフネットは生保業界で初めて付加保険料の割合を開示し、コストが安いことを示した。これは、伝統的な大手生保にとってはタブーであった。ライフネットは付加保険料を抑えることで、「子育て世代の保険料半額」を目指した。

第二に「保険をわかりやすく」というポリシーから、特約をすべて廃止した。特約は契約者にとって、特にわかりにくかったが、既存の生保にとっては収益源であった。

第三に、大手がメインとする「定期付終身保険」ではなく、若い世代のニーズに合い、支払保険料が安い「就業不能保険」を中心とした。

大手生保は、従来の強みが弱みになってしまうので、ライフネットの三つの戦略にいずれも同質化を仕掛けられなかった。

第一の理由は、ネット生保に追随すると、これまでの資産であった営業職員が不要になってしまうからである。そうした営業職員を廃止してネット生保へという形は、伝統的生保はとれなかった。

第二の理由は、収益源である特約をみすみす廃止することはありえなかった。保険商品は複雑である方が、営業職員による人的販売の意義も高かったのである。

第三の理由は、営業職員のコストを公開すると、保険料の高さに対する批判を浴びてしまうため、とても追随できなかったのである。

ライフネットは、スマホでも契約できるシステムを作り上げたが、生命保険は住宅の次に人生で二番目に高い買い物と言われ、簡単に意思決定できるものでもなかった。そのためライフネットはネット専業を緩め、保険ショップ最大手の「ほけんの窓口」と提携して対面販売をはじめ、さらにＫＤＤＩと資本・業務提携を結び、ＫＤＤＩの信用をバックに、ａｕユーザーも取り込もうとしている。

従来「プッシュ」の典型的な商品であった生保が、「プル」型に変われるかは、消費者の意識や保険に対するリテラシーの高まりにもかかってこよう。

●在庫を持つトラスコ中山 (3)

トラスコ中山は、１９５９年に創業された、工場や作業場で使う備品、消耗品などの間接資材を提供する卸である。業界では最後発の企業と言われており、トラスコ中山以前に、全国規模の企業はなかった。

従来、間接資材を販売してきたのは機械工具商であり、顧客の購買部門に足しげく通い、きめ細かい営業対応をするのがＫＦＳであった。ただ機械工具商の企業規模が小さかったことから、在庫できる数も限られ、購買頻度が高いナショナル・ブランドのものが中心であった。

在庫のない商品は、卸から調達して納品していた。訪問営業が主体のため、地域ごとの「分散型事業」（ポーター）として行われてきた。

他社が大口や高額商品を押さえている中、トラスコ中山は誰も手を出したがらない小ぶりで廉価、小ロットの商品を中心とした。「トラスコ・オレンジブック」というカタログを間接資材の小売業者に販売し、それに36万SKUを載せた。オレンジブックは10冊組みで約1万6000円した。

近年では自社サイト「トラスコ オレンジブック.com」でも受注しており、ECでの受注割合は8割を越える。

トラスコ中山の特長は、「とことん在庫を持つ」ことである。同社のKPIは他の卸のような在庫回転率ではなく、「在庫ヒット率」である。在庫ヒット率とは、全注文のうち、在庫から出荷できた割合であり、現状は約9割となっている。すなわちトラスコでは「即納」を最大のサービスと考えている。

トラスコは、できるだけ多くの在庫を持ち、「トラスコなら在庫がある」という顧客の信頼を獲得し、それが企業を成長させ、全国規模の会社になった。

競合他社は、地場での顧客とのフェイス・トゥ・フェイスの関係で営業してきており、かつ小資本のため在庫回転率を重視するため、売れ筋を中心に在庫する。すなわち、トラスコのようなロングテールを在庫するような戦略には、同質化することができないのである。

4 市場資産の負債化

「朝専用缶コーヒー：ワンダモーニングショット」

——アサヒ飲料

市場資産の負債化とは、リーダー企業に対して有利に働いていた競争のルールを変更し、顧客が持つ資産（ソフトウェア、交換部品など）を使えなくする、もしくはリーダー企業に有利に、はたらかなくなるようにする戦略である。

市場資産の負債化を起こすためには、競争の土俵を変えてしまうことが、最も効果的である。競争の土俵に関して挑戦者の立場から言えば、図表5－7のような三つの代替案があげられる。このうち③は、よほど強い挑戦者でない限りは、リーダーにとっての「良い競争業者」になってしまうため、ここでは取り上げない。以下、①②の順に具体例を述べていこう。

(1) リーダー企業と別の土俵を設定する

この戦略は、先行するリーダー企業の土俵には乗らず、挑戦者はまったく別の土俵で勝負

図表5-7

競争の土壌に関する挑戦者の戦略

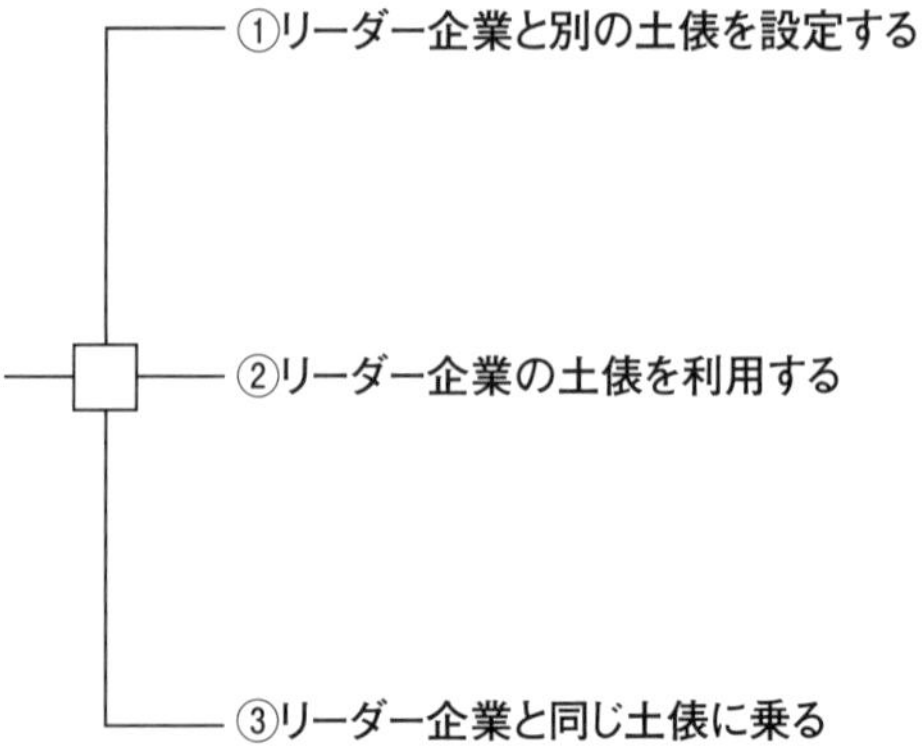
①リーダー企業と別の土俵を設定する
②リーダー企業の土俵を利用する
③リーダー企業と同じ土俵に乗る

する戦略である。とくに、後発でリーダーを攻撃する場合に有効な戦略である。同じ土俵で戦えば資源量の差から、逆転はむずかしいため、別の土俵を設定し、「企業間競争」を「土俵間競争」に持ち込もうとする戦略である。

●「朝専用」のアサヒ飲料

日本における缶コーヒー市場は、UCC上島珈琲が開拓したが、その後長い間、自販機の台数が圧倒的に多い日本コカ・コーラの「ジョージア」がトップを維持してきた。他社はこの牙城を崩そうと、類似商品を投入してきたが、コカ・コーラの地位は揺るがなかった。そこに異変を起こしたのが、アサヒ飲料が2002年に発売した「ワンダモーニングショット」であった(5)。

缶コーヒーは、「ジョージア」とサントリーの「BOSS」が上位を占めていたが、それ以下は十数社がひしめき合っていた。アサヒ飲料では、消費者が缶コーヒーを飲む時間帯を調査したところ、4割以上の消費者が午前中に飲んでいることがわかった。そこで、これまではなかった時間帯を特化した缶コーヒーとして、朝飲む缶コーヒー「ワンダモーニングショット」を発売したのである。広告宣伝では、「朝専用」を強調した。

それに対して、コカ・コーラのジョージアは、「いつでも、どこでも」がコンセプトであり、そのために日本全国に自販機を設置していたのであった。もし、缶コーヒーを朝しか飲まない商品に位置づけてしまうと、売上の減少は避けられなかった。

「ワンダモーニングショット」は、発売7カ月で飲料業界内においてヒットの目安とされる1000万ケースを売り、朝専用缶コーヒーとして、消費者に認知されるようになった。

このヒットを見て、コカ・コーラは「ジョージア・モーニング・コーヒー」を発売し、同質化を仕掛けたが、「いつでも、どこでも」のジョージアのイメージを払拭できず、同商品は早々に市場から撤退した。

●一つ上の標準化による反撃

「Edy」「Suica」「nanaco」などの中に入っているのが、ソニーのフェリカ・チップである。

フェリカは非接触ICカードとして、国内ではデファクト・スタンダードをとった。わずか0・1秒でデータの読み込みから認証、処理、書き込み、送信までが行える高い技術を持っているにもかかわらず、ISO（国際標準化機構）規格に認定されなかった。

貿易を促進するためのWTO／TBT協定により、ISO規格になっていないと、各国の公共事業体が採用するシステムには採用されない。そのためISOが規格を定める前に導入された香港の地下鉄を除き、フェリカは海外で採用されなかった。

非接触ICカードには、ソニーが開発したフェリカの他、フィリップスが開発したタイプA、モトローラが開発したタイプBがあった。フェリカは性能面でタイプA、Bに劣ることはなかったが、ISOではAとBが採択された（日本では、タバコ用成人認識カード「タポス」にはタイプAが採用され、住宅基本台帳カード、運転免許証、マイナンバーカードなどにはタイプBが採用された）。

フェリカは、国内ではデファクトをとったが、単なるチップ売りにとどまってしまい、事業を大きくするには、グローバル展開を目指すしかなかった。

そこで目をつけたのが、〝一つ上の標準化〟であった。NFC（Near Field Communication：短距離無線通信）というチップと無線で情報交換する規格をISO化し、通信するチップは、タイプAでもBでも、フェリカでも良くなった。すなわち、ISOで標準化されなかったフエリカでも、ＮＦＣで情報交換できれば、グローバルな市場に参入することができるようになったのである。

●国際認証が海外の大学院の武器

１９８５〜１９９０年頃、米国の大学が盛んに日本進出した。最盛期の１９９０年には28校が開校していた。しかし、米国大学の日本校のほとんどは、文部科学省の大学設置基準外であったため各種学校扱いとなり、国家試験の受験に必要とされる学士号は出せなかった。その後、受験者数が減少し、ほとんどの大学が撤退したが、最近、再び進出の気運が高まってきた。しかし、今度は四年制大学ではなく、経営学修士（ＭＢＡ）課程のビジネススクールが中心である。

日本の大学は、学部入学段階での偏差値で序列化が進んできた。国際教養大学（秋田）、立命館アジア太平洋大学（大分）など、その序列に乗らない新設校も誕生してきたが、大半の大学は、その序列を崩すことはできなかった。

しかし、修士課程に目を向けると、必ずしも学部の偏差値とはリンクしない状況が見られる。国立大学では定員を確保しないと予算が削られるため、一部の大学院では、学部入試ではとても入学できない学生が修士課程に合格している例もある。

また、ビジネススクールの世界では、グローバル企業への就職を考えれば、文部科学省の認可よりも、世界中のビジネススクールの質を審査するＡＡＣＳＢ（The Association to Advance Collegiate Schools of Business）やＥＱＵＩＳ（The European Quality Improvement System）などの国際認証を受けているかが重視されてきた。国際認証を受けたＭＢＡであれば国際的に通用し、国連機関や世界のどの企業に就職する際にも、〝パスポート〟として認められやすい。

これらの国際認証を大学院が受けるためには、博士号を持ち、直近に一流誌の査読論文を執筆し続けている教員の数が一定比率必要なことから、実務家教員の比率を重視する文科省の専門職大学院の要件とは、相容れない部分がある。極論すれば、専門職大学院としての色を濃くしようとすればするほど、実務家教員を多数採用することになり、国際認証からは遠のいてしまうトレードオフがある。

グローバル企業の就職に際し、国際認証を受けていれば有利だということが認識されれば、海外の大学院は日本に参入しやすくなる。そこでは、日本の文科省の認可は、問題とならない。すでに英国ウェールズ大学、豪州ボンド大学、加マギル大学などは、一部は日本の大学と組んで、参入を果たしている。

すなわち大学院の世界で、「ＪＩＳ（国内認証）よりＩＳＯ（国際認証）」の重要性が高まってくれば、文科省認可のない海外の大学院でも、国際認証を武器に日本で競争しやすくなってくる。

さらに、海外の大学が日本にビジネス系の博士課程を設置した場合、語学の壁はあるものの、その優位性は日本のビジネスパーソンには魅力的なものになるであろう。

日本の博士課程には、文科系の学者養成のスキームがいまだ残っており、3年間の博士課程で、博士号を授与される大学院は少数派である(6)(これまでの文科系の博士課程では、課程修了とともに、博士号を授与されるのは極めて稀であり、「単位取得退学」が大多数であった。大昔の日本では、博士号は、功なり名を遂げた人物に授与するものであったが、研究者としての出発点の証に授与するという新制度になったいまでも、古い慣習が博士号の授与にブレーキをかけてきたのである)。

たとえば、米国の博士課程は標準的には3年の在学が必要であるが、優秀であれば、その期間を短縮して博士号を授与することも可能である(7)。たとえば、競争戦略の大家マイケル・ポーターはハーバードビジネススクールで2年間、イノベーション研究の第一人者の故クリステンセンも2年半で博士号を授与されている（クリステンセンは一度企業人になってから、37歳で博士課程に戻った)。「実績さえあれば期間は問わない」のは、米国の教育システムに共通しているが、早く博士号を取り、次の職に就ければ、人生の機会損失は限りなく少なくなる。

ビジネスパーソンであれば、この機会損失の考え方は受け入れやすいと言えよう。

「6年も在籍して、結局博士号が取れなかった」という伝統的な日本の大学にとって、〝黒船〟の来襲は間近に迫ってきている。

(2)リーダー企業の土俵を利用する

これは、リーダー企業が長い期間かけて強固なものにしてきた土俵を一部利用し、挑戦者がおいしいところだけをいただく戦略である。

●書店の書棚に入らない本

英治出版は、1999年に創立された出版社である。ジャンルは、経営から政治経済、実用、ノンフィクションまでさまざまである。社員は7名(2020年春現在)と小規模であるが、「ブックファンド」と呼ばれる仕組みを提唱し、新しい本を出版するために、出資者を募る事業も展開している。

2003年には韓国のBOOK21と業務提携し、2004年には日韓初の合弁出版社Eiji21 Inc. を設立した。こうして韓国と強い結びつきを持つようになった。

英治出版は一部の本を韓国で印刷している。コストダウンが主目的とみられるが、韓国の紙の規格は日本とは違う大きさのため、四六判という日本のビジネス書で標準的なサイズとは異なる独自の判型の書籍となった（英治出版の判型は、日本では縦長で特殊な変形A５判となる）。日本の四六判は、仕上がり寸法として、約１２７ミリ×１８８ミリであるのに対して、英治出版の変形A５判は１３４ミリ×２１０ミリの寸法であり、やや大きい（日本のA５判は１４８ミリ×２１０ミリなので、これよりは小さい）。

その結果、英治出版の変形A５判の書籍は縦が長くなり、四六判を基本として作られた日本の書店の棚では、頭がつかえてしまう。そのため同社の書籍は棚に入らず、平積みになる確率が高い。

また、平積みの位置も奥では他の本をつめて置けないため、勢い一番前に置かれることになる。書籍は、良い本が必ずしも売れるとは限らず、平積みになって目立つ本は、販売上有利である。

こうした変形本は、国内の印刷所で大量に印刷している大手出版社では手を出しにくい。英治出版が店頭での効果まで考えて、判の大きさが違う韓国で印刷したのかは不明であるが、結果的には、日本の大手出版社ができない本の大きさの差別化を実現し、店頭で有利な場所を占めた。こうした経緯も手伝い、英治出版からは、この判型でベストセラーになった本も出ている。そのためか最近では、英治出版のこの判型に追随する出版社も出てきた。

●カードの出遅れを強みに

やや古い事例であるが、ガソリンは製品差別化がむずかしいことから、かつてはリピート客をつかむために、多くのガソリンスタンドで「現金カード」を発行してきた。給油時にカードを出すとポイントが加算され、ポイントがたまると景品がもらえる仕組みであった。

ゼネラル石油が先行して以来、各社が次々と追随し、大手はほぼ参入した。各社がこうした施策を導入したことから、ドライバーはどこかのカードを持っている状況になっていた。

一方エッソ石油（現ＥＮＥＯＳ）は、他社に出遅れたこともあり、同じ方法で他社を追いかけるのでは効果が薄いとみて、思い切った戦術に出た。「他社の現金カードを持参していただければ割引します」というキャンペーンをはじめたのである。他社の現金カードをエッソのスタンドで提示した客に、特別会員価格でガソリンを販売するというものであった。

長い時間と費用をかけて築いてきた他社のカード会員を、一瞬のうちに無効にしてしまい、カードの発行枚数が少ないことを「弱み」ではなく、かえって「強み」にしてしまう高等戦術であった。

こうしたエッソの戦術に対して、他の石油会社では、「この方式が他社にも広がらないか心配だ」(8)と警戒を示したが、出遅れた会社にしかできない戦術に対して、どの企業も追随できなかった。

●P&G、ウォルマートの逆手戦略

前述のエッソと同じような戦略をとった事例が、米国にもある(9)。

１９９０年代、紙おむつ業界に低価格を武器に参入した企業が、ドライバーズ社である。当時の紙オムツのトップ企業は、プロクター・アンド・ギャンブル（P&G）であった。テキサス州にドライバーズが参入すると、P&Gは2ドルのクーポン券を配布した。従来P&Gは、せいぜい75セントのクーポンしか発行していなかったが、2ドルものクーポンはドライバーズにとって死活問題であった。新興企業のドライバーズにとって、クーポン券を印刷してテキサス全土に配布する体力はなかったのである。

そこでドライバーズがとった戦略は、P&Gのクーポン券を自社商品にも使えるようにしたのである。これによって、同社は販促費をかけずに売上を高めることができ、2カ月後には黒字を計上した。すなわち資源の乏しい企業が、リーダー企業の販売促進キャンペーンをそのまま利用したのであった。

また、ウォルマートのチラシ戦略も、同様な効果をもたらした。１９８０年代ウォルマートは、当時業界トップのKマートと激しい競争をしていた。Kマートは毎回、特売品の広告をするのに対して、ウォルマートは「Everyday low price」を標榜しているため、特売の土俵に乗ることは経営方針からも好ましくなかった。

そこでウォルマートは、競合のＫマートのチラシを毎週自社の店頭に貼り、Ｋマートの広告掲載のすべての品を、Ｋマートと同じか、それ以下の価格で提供すると宣言した(10)。当時、ウォルマートの平均価格はＫマートより安かったので、消費者は〝Ｋマートの特売品〟をウォルマートで安心して購入できるようになったのである。

●加入者を選べるソニー、選べない東京海上

自動車保険料はこれまで、（免許取りたての）若者には高く、中年には安く設定されてきた。それは、若者の方が事故を起こす確率が高いという前提からであった。しかし、若者の中にも運転が上手な者もいるし、一方で乱暴な運転をする中年ドライバーもいる。年齢だけで保険料が決まるのは、不公平だという意見が増えてきた。

そうした中、米国でテレマティクス保険が生まれてきた。これは、運転の上手な人は事故の確率が低いため保険料を割安に、逆に下手な人は事故の確率が高いので割高に設定する保険である。

日本で最初にテレマティクス保険に本格的に取り組んだのが、ソニー損害保険であった。ソニーの金融機関（生保、損保、銀行）は共通して、「顧客にとって合理的で公平なビジネス」を行うことを目標としてきた。

テレマティクス保険とは、通信（Telecommunication）と情報科学（Information）の合成語であり、移動体と通信システムを組み合わせた情報に基いた保険のことである。テレマティクス保険には、「走行距離連動型（Pay as you drive）」と、運動行動連動型（Pay how you drive）」の2種類がある。前者はソニー損保がすでに販売していた「走る分だけ」保険に相当するが（272ページで詳述）、今回ソニーが発売をしたのは後者であった。

ソニー損保では、「ドライブカウンタ」と呼ぶセンサー計測器を見込客に配り、1カ月間、ダッシュボードの上に置いて運転の癖を測定してもらう。急発進、急加速、急ブレーキ、急ハンドルが多いと、点数が減るようになる。1カ月後、ドライブカウンタをソニーに送ると、ソニーから評価とそれに応じた保険料が送られてくる。ある点数以上だと保険料は割安になり、それ以下だと割高になる。本保険は、「やさしい運転キャッシュバック」と命名された。

消費者からすれば、運転が下手で、通常の保険料より割高になる人は、わざわざソニー損保の保険には入らない。すなわち、ソニー損保には〝優良ドライバー〟だけが加入してくることになる。優良ドライバーの加入が多くなるほど保険料は下がるが、事故率は下がり、ソニーが支払う保険金は少なくなる。すなわち、加入者もソニーもＷｉｎ－Ｗｉｎなのである。

それではなぜ、業界のリーダー東京海上日動損害保険はテレマティクス保険に参入しにくいのであろうか。

第一に、優良ドライバーの母集団は、一般ドライバーと比べて小さい。リーダー企業がターゲットとするには、市場が小さすぎる。

第二に、募集コスト面から、センサーを送付し、1カ月計測して、その結果をまた送り戻すことはコストがかかり、加入者の属性だけで、すぐに加入できる方がコストは安くすむ。

第三に、保険は「大数の法則」が働き、より多くの加入者がいる方が保険料収入と保険金のバランスからも好ましい。東京海上日動は自動車保険でも、日本のトップシェア企業であり最多の加入者を誇っている。いわば、日本全体の運転者の縮図のような加入者を持っているのである。

そうした東京海上日動が、加入者を優良ドライバーだけに限ると母数が少なくなり、保険料収入が激減してしまう。それゆえ、そうした選別はやりにくいのである。

自動車保険の保険料は、損保各社が出資する損害保険料率算出機構が過去の事故データを分析して参考値を算出する。その値を参考に、各社が保険料を決める仕組みになっている。このデータは日本全国のデータから算出しているので、運転の技量とは関係なく、言わば、運転の巧さに関しては正規分布を想定して作られている。

東京海上日動のようなリーダー企業であれば、加入者数が多いことから、運転の技量は正規分布に近い形で想定できる。逆に言えば、加入者数を増やせば増やすほど、日本の平均値に近づいていくのである。

他方、ソニー損保は後発企業であり、東京海上日動ほどの加入者数を獲得しなくてもやっていけるニッチ戦略がとれる。そのため優良ドライバーだけを集める戦略は、経営的にも可能であり、かつ東京海上日動などの大手は追随できない戦略であると言える。

●油圧ショベルでのアダプター

リーダーの土俵を利用する戦略は、消費財やサービス業に限ったものではない。生産財の分野でも有効である。建設機械分野における油圧ショベルに関しては、かつては1位がコマツ、2位が日立建機であり、神戸製鋼所は4位と水をあけられていた。

シェアの固定化を助長していた理由として、一般の自動車のクラッチにあたる操作レバーの操作方法が、メーカーによって違うということがあった。すなわち、コマツのショベルの左のレバーを手前に引けば、左に旋回するのに、神戸製鋼のショベルの左のレバーを手前に引くと、ブーム（ショベルを支える腕の部分）が上がってしまうのであった。そのため買い替えや買い増しの際には、熟練オペレータが操作しやすいように、前に使っていたものと同じメーカーを指定することが多かったのである。

このため当たり前の戦略ではシェアをとれないと見た神戸製鋼は、以前と同じような操作をすれば前と同じような動作をする各メーカーに対応した専用アダプターを作り、これを自社の機械に搭載し、互換性の問題を解決しようとした。

●法人契約でマイルを無効化

スカイマークは、JAL、ANAに続く第三勢力を目指して1998年に就航したが、LCCの登場や運航トラブル、エアバス機のキャンセル違約金などが重なり、2015年に民事再生法を申請した。その後は赤字を脱却し、2016年からは黒字幅を拡大している。同社は再建策として、以下の五つに取り組んだ(12)。

①不採算路線からの撤退
②機体の統一
③法人契約
④定時運航
⑤サービス向上(13)

②はLCCにとっては定石であるが、スカイマークもすべての機体をボーイング737に

統一することによって、パイロットの融通が効き、整備や訓練のコストも下がり、遅延時の代替機が利用しやすくなった（機体統一により、ヒューマンエラーも減り、安全性も高まる）同社は、同機をすべてリースにしている。

マーケティング上、一番力を入れたのが③の法人契約である。JAL、ANAを選択する乗客にとって、マイレージが大きな選択理由であった。マイルが両社の「市場資産」だったのである。企業での出張の場合、航空運賃を払うのは企業で、マイレージを獲得できるのは個人という構造があった（マイルを会社に召し上げる企業も、一部ある）。

スカイマークは、マイレージ・サービスを実施しておらず、かついまからマイルを発行しても、累積発行数、路線数などから大手二社に追いつくことは不可能である。そこで出張費用を安く抑えたい企業に直販を行い、費用も安く、出張につきものの搭乗便の変更も無料にした。航空券の購入意思決定者（Decision Making Unit）を、出張者から会社に変えたのであった。

もちろんJAL、ANAも法人営業を行なっているが、低価格で販売した上にマイルを発行するコストを考えると、スカイマークより安い価格には設定しにくい（法人営業の客だけマイルをつけないこともできない）。会社（もしくは総務部）が「出張はスカイマークで」と決めれば、出張者はそれにしたがうしかなく、スカイマークの法人契約は、企業の出張コスト削減とマッチした施策であった。

●片手取引に専念するソニー不動産

日本の中古の不動産取引は、売り手と買い手の間に仲介業者が入り、成約すると、双方から手数料（成約価格×3％＋6万円が上限）をもらう「両手取引」が多い。それによって仲介業者は、成約価格の6％という高い手数料を得ることができる。

ところが、この両手取引は先進国では一般的ではない。たとえば米国では、売り手、買い手双方にとって両手取引が中立になる事はありえず、利益相反が生じるため、禁じている州も多い。米国では売り手、買い手各々にエージェント（代理人）がつき、価格交渉などはエージェント同士で行うのが通常である。

また、両手取引によって「囲い込み」が起きやすくなり、顧客の利益より業者の利益が優先される可能性もある。売り主から専任で物件を託された不動産会社は、業者間の不動産データベースであるＲＥＩＮＳ（Real Estate Information Network System：不動産流通標準情報システム）に登録する義務があるが、別の業者から買い希望が入っても、「目下商談中」などの理由をつけて商談に応じず、当該業者が両手取引できる買い主を見つけるまで、物件が「囲い込まれる」ことも起きうる。

これによって売り主は早期に売却する機会を逃し、早期に買えたはずの買い主は、物件の選択肢を奪われる。ちなみに米国で囲い込みをやると、不動産業の免許は剝奪される。

そうした中、ソニー不動産（2019年にSREホールディングスに改称）は、「片手取引」を売り物に、不動産取引をよりオープンに、かつリーズナブルな手数料で行える仕組みを作って業界に参入してきた。片手取引のため依頼主のニーズを重視し、かつ広告などの費用があまり発生しない間に成約した場合は、手数料も安くするようにした。

ソニー不動産は、不動産業者しか持ち得なかった成約価格のデータベースを使わなくても売り手が自分で値づけできる「不動産価格推定」エンジンを提供した。これは、ソニーの持つディープラーニング技術を核として作り上げたものであり、推定価格と成約価格との誤差は5％と、精度はかなり高い。

「片手取引」は日本の不動産業界にとっては〝黒船〟であり、できれば普及してほしくない。「両手」から「片手」に取引がシフトしてしまうと、売上が半分になってしまうからである。そのため、既存企業はソニー不動産のやり方に同質化を仕掛けられなかった。

同質化を仕掛けないだけでなく、「ソニー不動産のやり方は日本に向いていない」と顧客に逆宣伝したり、不動産情報の提供を渋るなど、ソニーに対して嫌がらせとも思える手を打ってきた。ソニー不動産は、こうした業界ぐるみの反発に対して孤軍奮闘を続けてきたが、なかなか援軍が表われてこないのも、この業界の特徴かもしれない。

5 論理の自縛化

「なぜ、小さいの？」「防腐剤が一切入っていないからです」

――ファンケルのオペレーター

ファンケルの5ミリリットルの注射液のような瓶に入った無添加の化粧品は、大容量の化粧品を売る大手化粧品会社にとって、追随できないものであった。オペレーターの返答を聞くと消費者は、「ということはいま、私が使っている化粧品は防腐剤が入っているんですね」(14)ということになる。

●左右非対称のスポーツシューズ

アディダス、ナイキ、アシックスなどのスポーツシューズは、プロ選手に使ってもらい、その宣伝効果をもとに、廉価品を一般に普及させるやり方が王道であった。しかし、子ども用スポーツシューズの分野で、2003年に発売して以来、10年間で累計4000万足を売った大ヒット商品がある（この業界では、年間100万足売れればヒットと言われている）。それはアキレスが開発した「瞬足シリーズ」である。

「瞬足」は「速い子はより速く、苦手な子には夢を」をコンセプトに、運動会で速く走ることに狙いを絞った商品である。アキレスが運動会を調べたところ、左回りのトラックのコーナリングで転んでしまう子が多いことに気づいた。小学校の校庭の狭さから、ほとんど直線がないコースも珍しくなかった。

そこで開発したのが、左側に体が傾いたときでも滑らずに、体をしっかり支える左右非対称のソールである。運動会で勝つことに特化した左右非対称のソールを備えた「瞬足」は、子どもたちや親の注目を集め、価格を2000円以下に抑えたこともあり、大ヒットとなった。アキレスは長く業界3～4位に位置していたが、2019年3月までの累計販売数は7000万足。ピーク時には年間650万足も売り、ジュニアシューズ市場の30～40％のシェアを占めた(15)。

それではアディダス、ナイキ、アシックスなどのスポーツ・メーカーは、なぜ「瞬足」に同質化を仕掛けられなかったのであろうか。

まず、「スポーツシューズは、左右対称が当然」という思い込みがあったのかもしれない。また、アスリートは自分の足の肌感覚を重視してシューズを選ぶと言われるが、そうした人たちにとって、ソールがいびつに付いているシューズは、長年のトレーニング効果を〝消去〟しなくてはならない〝禁断の靴〟であったのかもしれない。さらに、トラックを走るアスリートの中には、直線の100メートル走を兼ねる者もいるため、種目ごとに靴を取り替えていたら、肌感覚を維持できなくなってしまう。

このように一流選手が使った靴を量産化するやり方に親しんできたスポーツ靴メーカーにとって、左右非対称の靴は、弱いところを突かれた〝アキレス腱〟だったのかもしれない。

しかし、「瞬足」にも思わぬ〝アキレス腱〟があった。それは「10歳の壁」であった。小学校高学年に入ると子どもたちは、かっこ良いブランドシューズにあこがれるようになる。クラブ活動でサッカー部に入れば、そこはアディダスなどのシューズが圧倒的である。そのため「瞬足」の効果は知っていながらも、子どもたちは「瞬足離れ」していくのである。低学年の「瞬足」のシェアは8割であるのに、高学年になると2割に落ちてしまう(16)。

アキレスもこれに対して市場を拡大すべく、2012年にはダンスの必修化をにらんで、中学校の女子生徒向けに「瞬足ダンス」を発売した。これはソールの特殊な球体加工で「ターンしやすい」ことを売りとした。また大人の運動会出場を狙い、子ども用と同様の左右非対称の「大人の瞬足」も発売した。

子どもの運動能力低下に対して危機感を持ったアキレスは、順天堂大学と共同研究を行ない、「正しい歩行が自然と身につく靴」の開発を行なった。その結果誕生したのが「瞬足足育シリーズ」であった。歩行の「足なり歩行」をサポートするヒールロック、インソール、アウトソールを備えている。

●生きた酵母が入ってないと生ビールではない!?

やや古い事例であるが、ビール業界では、1967年に家庭用の生ビールという新しい市場が生まれた。缶入りおよびビン入り生ビールの商品化に関しては、サントリーが一番積極的であった。サントリーは1963年にビール市場に最後発参入したため、生ビールという新市場に重点的に資源投入を行なったのである。

その後、アサヒ、サッポロも追随し、生ビール市場は次第に拡大を遂げ、トータルのビールのシェアにも変動が起きた。しかし、トップのキリンビールは、この市場に直ちには参入できなかった。

その理由の一つには、微生物管理のできる新しい設備・工場が必要という物理的な問題があった。

しかし、それ以上に大きな理由として、キリンの社内では「生きた酵母が入っていないビールは、生ビールとは呼べない」という声が強かった点があげられる。生ビール市場の成長を横目で見ながらも、家庭用はラガービール一本で戦ってきた。すなわち、「リーダーのキリンが出すからには、本当の生ビールでなくてはならない」。しかし、「〝生〟を強く訴えると、これまでのラガービールの新鮮度を否定しかねない」という問題で、自らを縛ってしまったのである。飲料の世界において、「新鮮でない」ということは致命的なポイントであり、それを間接的にでも伝えてしまうことは、リーダー企業として許されないことであった。

キリンは1981年にやっと家庭用生ビールに参入したが、このケースは、リーダー企業が自社の主力製品の存立基盤を否定するような商品に対して、迅速な対応がとれなかったことを示している。

その後、1996年にキリンはラガービールの製法自体を生ビール化（従来の熱処理方式から非熱処理方式に切り換え）し、「生の呪縛」から解放された。

●三輪の方が安定する!?（17）

日本のベビーカーは、コンビとアップリカの2社寡占かつ成熟市場である。従来、日本のベビーカーは四輪が中心であり、かつデザインも女の子向けには赤、男の子向けには黒というように、バリエーションがなかった。

ベビーカーに関する消費者調査（2008年、インターワイヤード：複数回答）によれば、ベビーカーに重視する点としては、①軽さ（64％）、②安全性（61％）、③価格（60％）の三つが上位となっており、色・デザインは4位（47％）であった。

そこに参入してきたのが、2002年に設立されたGMPインターナショナルであった。GMPにとってベビーカーは、ファッションの一つであり、ライフスタイルに合ったものを選んで欲しいという想いがあった。そのため、カラーバリエーションも当初から12色を揃えた。

さらに差別化の最大のポイントが、車が三輪であることであった。四輪の方が三輪より安定感があるというのが業界の常識であったが、実は径の大きい三輪の方が段差で前に倒れにくく安定性が高く、かつ方向転換も楽である。GMPは、日本のSGマークよりも厳しいドイツのTUV、英国のBS規格、米国のASTM規格を満たしている日本で唯一のメーカーであった。ちなみにSGマークとは、安全基準、製品認証、自己賠償が一体となった制度である。

また、大手の車輪は軽さを重視したプラスチックタイヤなのに対して、GMPのベビーカーは、ベアリング付きのエアタイヤであり、凹凸の道でも、車に寝ている赤ちゃんに振動が伝わりにくい。こうした製品面での差別化は、乗っている赤ちゃん、ベビーカーを押す親の双方にとって、大きなメリットがあった。

しかし、大手2社は、なかなか三輪のベビーカーに同質化をしかけてこなかった。長い間四輪を販売し、安全を謳ってきたメーカーが、三輪の方が安全性が高いという訴求はしにくかったのである。また赤ちゃんに振動が伝わりにくいというゴムタイヤのメリットは、物言わぬ赤ちゃんからは伝わりにくかったのであった。

三輪車が市場で認知されるに連れ、アップリカは2018年から三輪のベビーカーも発売しはじめたが、コンビは三輪の販売は、いまだ1機種にとどまっている。

●定額制に挑む成功報酬制

情報誌の分野では、リクルートが長い間トップの座を走り続けてきた。マッチングの情報としては、求人、住宅、中古車、結婚式場などがあった。雑誌の多くは、有料誌から無料誌化されたり、ウェブ化されたが、広告出稿時に一定の広告出稿料をもらう仕組みは、基本的には変わらなかった。

そこに、まったく違うビジネスモデルで参入してきたのが、リブセンスである。リブセンスの仕組みは、求人、住宅、中古車などの分野で、ウェブ広告を作成し、マッチングが成功した場合に、企業から成功報酬をもらうものであった。求人の場合、リブセンスの情報を見た人が就職すると、リブセンスは採用した企業から成功報酬を受け取り、就職した人には、「入社祝い金」が提供された。住宅の場合は、物件への問い合わせが入るとリブセンスは成功報酬を受け取り、入居が決まった消費者には、一部キャッシュバックがある(18)。

この仕組みは企業にとっては、「効果があるかわからない広告に定額を払うのは不安だが、実際に成約したのであれば、それに手数料を払うのはリスクのない出費」と思われた。また、消費者側にも、小遣いがもらえる恩恵もあった。

これに対してリクルートは、広告出稿料として広告掲載前に企業から定額をもらう仕組みであり、リクルートが成功報酬制度に転じると、収入が減るリスクもあった。さらに、「広告出稿は効果があります」と言って営業していたものが、「効果があったら成功報酬を戴きます」というやり方に同質化を仕掛けると、これまでの営業スタイルと矛盾してしまうという問題もあった。そのため今日まで、リクルートは成功報酬スタイルに同質化を仕掛けていない。

●1週間過ぎれば腐る化粧品

ファンケルは、1980年に創業された化粧品を中心とする通販会社である。ファンケルの創業者は、化粧品にかかわる皮膚のトラブルに悩む女性が多いということを聞き、防腐剤を含まない無添加化粧品の製造・販売を思いついた。知人の力を借りて無添加の化粧品を造ってもらい、それをアンプル容器に入れて、自ら横浜の団地を中心に配達しはじめた。同時に「間違った化粧品の常識」をテーマとしたビラを配り、口コミでユーザーを増やしていった。

ファンケルの商品コンセプトは「安心・安全・やさしさ」であり、これをアピールするために、1週間で使い切れる5ミリリットル入りのアンプル容器とした。さらに防腐剤を使っていないことを訴求するために、たとえばスキンローションや乳液には、「商品の開封後、7日以内で使い切ってください」という注意書きをつけた。

無添加をうたった以上、製品を生産してから最短の時間で顧客の手に届ける必要があった。多段階の卸などを通していると製品が腐ってしまうため、通販を利用することにした。ファンケルでは販売する商品に製造年月日を明記し、大半の顧客は製造後3〜4日で商品を受けとれる。さらに1993年からは、女性の在宅率低下に対応するために、郵便受けに入る薄型パッケージも開発した。

また、皮膚のトラブルを体験したことのある顕在需要が一巡した後は、潜在需要を喚起するために、サンプルセットを販売した。従来、大手化粧品会社のサンプルは、だいたい無料であったが、無料であるがゆえに、もらったまま使われず捨てられることが多いことを調査し、ファンケルではあえて1000円という有料で、サンプルを販売した。

ファンケルはその後、基礎化粧品から無添加のメーキャップ化粧品の分野に事業を拡大したが、従来の大手化粧品会社にとっては追随したくとも、追随できない戦略であった。

第一に、従来から化粧品会社は「夢を売っている」と言われてきたが、夢だけでは売れない時代に入った中、徹底して皮膚にやさしいと消費者にイメージされている無添加一本で攻めてきたことである。

第二に、大手が長い歴史をかけて築いてきた強固なチェーンストア網や訪販ルートを一切使わず、消費者が自分の意思で注文できる通販チャネルを利用したことである。これは化粧品の場合、店頭に行くと美容部員がカウンセリングしてくれるが、これをわずらわしいと感じたり、断りにくいと感じたりして対面販売を嫌がる女性も少なくなく、そうしたニーズに応えるものでもあった。

第三に、「防腐剤が入っていないから腐る」ということを、製品の大きさで消費者に「見せた」ことである。これは「長持ちする化粧品には、防腐剤が含まれている」ということを暗に伝えており、大容量の商品を売る大手化粧品会社に対しては、効果的な差別化となった。

●使い捨てと遵法で逆転

ジョンソン・エンド・ジョンソン（以下、J&J）は、1887年に米国で設立された医薬品、医薬機器、診断薬、医療関係用品の多国籍企業である。日本法人は１９７８年に設立され、これまでジョンソン綿棒、バンドエイドなどの製品を投入してきた。Ｊ＆Ｊは企業倫理に厳しい企業としても知られているが、Ｊ＆Ｊのコンタクトレンズの日本における戦略は、まさに後発逆転を絵に描いたようなものであった。

コンタクトレンズにおける医療上の問題の多くは、昔からレンズの汚れに原因があった。そのための対策は、汚れをつきにくくするか、使い捨てにするかのどちらかしかなかった。ユーザーの立場から見れば、使い捨ての方が楽には違いないが、問題はその価格にあった。

こうした中、Ｊ＆Ｊは使い捨てコンタクトレンズを世界で最初に開発した。従来のコンタクトレンズは毎日洗浄が必要とされ、それでも長く使用している間に蛋白質がたまり、角膜炎を引き起こす危険があった。Ｊ＆Ｊはバンドエイドで知られる「滅菌」のノウハウを持っており、それを究めたものが、使い捨てコンタクトレンズであった。

Ｊ＆Ｊは、１９８８年に米国で、１週間で使い捨てるコンタクトレンズ「アキュビュー」を低価格で売り出した。日本では厚生労働省の認可の関係で遅れ、１９９１年から１枚６５０円で発売された。

１９９２年当時、日本のコンタクトレンズ市場は、ハードコンタクトが55％、ソフトコンタクトが40％であり、これらは片眼で２万円強の価格であった。当時使い捨てタイプは、５

%に満たなかった。企業としては、1位がメニコンで30%弱のシェアを持ち、以下ボシュロム、シードなどが続いていた。そこにJ&Jが、使い捨てに特化して参入してきたのである。

J&Jの参入戦略に、日本の企業は同質化を仕掛けられない事情があった。

まず、ビジネスモデルの違いに起因する問題があった。衛生上、使い捨ての方が良いことは誰もが知っていたが、長期間使用するコンタクトレンズを販売していた企業にとっては、一時的にでも売上が減る使い捨てにビジネスモデルを変えるのは、困難なことであった。使い捨ての年間の総支出額を合計すれば、長期間使用タイプより高くなる。しかし、1回の単価が大幅に安くなる商品に転換することは、経営上むずかしかった。

二つめに同質化を仕掛けにくかったのが、J&Jのチャネル政策であった。当時、日本のコンタクトレンズ市場は、繰り返し使用の製品が上位を占めており、メガネ店を通じて販売される量が多かった。日本ではメガネやコンタクトレンズは、販売に関して医師の処方せんを必要としていた。しかし、実態はメガネやコンタクトレンズの大半は、医師ではない店員が販売しており、日本では法律が有名無実化していたのであった。

そこでJ&Jが着目したのが、眼科医ルートであった。コンタクトレンズは、「売ったら終わり」という手離れの良い製品ではなく、装着上の問題で目を痛めたりするケースが少なくなかった。眼科医にとっては、自分が処方もしていない患者を診る毎日であった。また眼科医にとって、自ら処方できれば、投薬料（処方せん発行料）も期待できるのであった。

Ｊ＆Ｊは社是に法令遵守が謳われており、いかなる場合にも、その社会の規範に反したことは許されていなかった。そこで日本では、法律で許されている眼科医ルートに特化し、眼科医が「雑菌を防ぐためには使い捨てのほうが望ましい」と推奨してくれたこともあり、その後日本企業を抜き、トップに踊り出た。とくに、毎日使い捨てる「ワンデー・アキュビュー」は雑菌も入りにくく、眼科医からも強く支持された。

リーダーのメニコンなどは眼科医ルートを強化し、シェアを奪い返すことも可能であったが、すでにメガネ店ルートで大量の販売実績もあり、眼科医ルートで法令遵守を謳うことには、論理的矛盾があったのである。

こうした結果、日本のコンタクトレンズ市場は、２０１６年では１位がＪ＆Ｊで、以下メニコン、日本アルコン（スイス）、シード、クーパービジョン（米国）、ボシュロム（米国）などが続いている(19)。

●ミラーレスは中途半端

ミラーレス一眼レフカメラは２００８年、パナソニックから第１号機が発売された(20)。

ミラーレスと従来の一眼レフの違いは、その名の通り、反射鏡の有無にある。従来の一眼レフにあった反射鏡がミラーレスにはなく、部品点数も少ない。そのため小型化・軽量化が可能になる。反射鏡がないため、ミラーレスではＡＦ（オートフォーカス）センサーがキーデバイスとなる。ミラーレス・カメラに先行したパナソニックやオリンパスは、ＡＦセンサーの開発の成功により、製品導入が早かった。

従来の一眼レフは、レンズから入ってきた光をミラーで反射してフォーカシング・スクリーン上に映し出し、それをペンタ・プリズムで変換して、撮影者が像を見ることになる(21)。デジタル一眼レフは、撮影画像はＣＭＯＳイメージセンサーでとらえるが、撮影者はミラーで反射した画像をそのまま見る。

だが、ミラーには一定のスペースが必要で、これが一眼レフの小型化を阻む最大の要因でもあった。そこでミラーそのものを取り去り、「大きい、重い」という一眼レフの弱点を解消しようとしたのがミラーレスである。

ミラーレスは、ＣＭＯＳイメージセンサーに直接光が入り、それを液晶や有機ＥＬの画面に画像として映し、ファイダーで被写体を見ることができる。ビデオカメラ（ムービー）の世界では、シャープが「液晶ビューカム」を開発して以来、液晶で画像を見ながら撮影していたが、ミラーレスは、同じように静止画を画像で見ながら撮影できるようにしたのである。そのためミラーレスでは、従来の一眼レフに比べて、素早く、撮りたい瞬間を逃さずに撮影することができる。

ミラーレスは、従来の一眼レフとレンズシャッターカメラの中間に位置づけられ、当初はカメラでは後発であったパナソニックやソニーが力を入れた。パナソニックの広告では、「一眼あそばせ」というキャッチ・コピーで、女性向けの一眼レフとして訴求した。発売当初の製品は、画面の美しさでは光学ファインダーよりも劣っており、このため一眼レフカメラユーザーからは、ミラーレスは「中途半端な製品」とみなされ、また、一眼レフメーカーからは、ミラーレスは「くだらない製品・技術」(22)とみなされていた。

しかし、CMOSイメージセンサーの技術開発や、ファイダーを液晶から有機ELに代えたりしたため、光学ファインダーに劣らない画面になってきた。また、スマホで静止画と動画との両方を撮影することに慣れたユーザーは、静止画と動画をシームレスでとれる電子ビューファイダーの便利さを認識するようになった。さらに暗所での撮影の際は、ミラーレスなら輝度調整をすることで、撮影対象を明るく見せることもできた。

こうした機能の向上とともに、一眼レフユーザーの高齢化や女性比率の向上も背景に、一眼レフユーザーもミラーレスを購入するようになってきた。その結果、次第にミラーレスは従来型一眼レフのシェアを喰うようになってきた。

しかし、一眼レフの老舗であるニコンやキヤノンは、「中途半場な製品」という考えからなかなか抜け出せなかった。とくにニコンは、2018年になってやっと、「ミラーレスと一眼レフの両輪で、それぞれしっかりした製品を作っていくのがニコンの方針」[23]と発表し、ミラーレスにも資源を投入していくことを言明した。

●呪縛の解けたUSJ、コードの厳しいTDR

国内のテーマパークでは、長い間、入場者数では東京ディズニーリゾート（TDR）が首位を続け、ユニバーサル・スタジオ・ジャパン（USJ）はナンバー・ツーと位置づけられていた。入場料を見ても、2009年頃までは、USJはTDRを後追い時に値上げをしてきた。

TDRは米国ウォルト・ディズニーという確固たる後ろ盾があり、アトラクションを少しずつ拡大してきたが、USJはユニバーサル映画のアトラクションからスタートし、入場者数では苦戦をしていた。

ところが、USJは2010年に、P&Gにいた森岡毅氏をCMO（チーフ・マーケティング・オフィサー）に招き、2011年に「ハロウィーン・ホラー・ナイト」をはじめ、火がついた。これは園内に多数のゾンビを配する〝怖い〟イベントであった。「ハロウィーン・ホラー・ナイト」は、思い切って若い独身女性にターゲットを絞ったものであった。

開園当初USJは、「映画のテーマパーク」にこだわるあまり、子どもや母親が楽しめるアトラクションが少なかった。そこで「映画のテーマパーク」を捨てて、「世界最高のエンターテイメントのセレクトショップ」に変えたのである。この背景には、「エンターテイメント全体に占める映画の割合は1割にすぎず、映画ファンだけでは1100万人も集客できない」という森岡氏の分析があった(24)。

これによってUSJはユニバーサル映画の呪縛から解け、名探偵コナン、セーラームーン、ワンピース、ドラクエ、ファイナルファンタジー、エヴァンゲリオン、進撃の巨人などのイベントをはじめ、ハローキティのショップも開設した。いまやディズニー以外の、世界中のエンターテイメントを集める場となった。

このコンセプト変更により入場者数も上向き、2015年10月には単月ではあるが、東京ディズニーランド(TDL)を越えた集客も達成した(25)。対するTDLは2008年には、シルク・ド・ソレイユの公演にも手を出したが上手くいかず、結局ディズニー以外に手を出していない。正確には、「出せない」と言った方が良いかも知れない。

それは第一に、TDRの園内のアトラクションはすべて米国ウォルト・ディズニーが認めたものしか設置できない(シルク・ド・ソレイユは、パーク外の施設であった)。

第二に、USJのホラーものがうけたとしても、ゾンビのようなリアルな恐さは、ディズニーのコードでは認められない。あくまでもTDRは「夢と魔法の国」であり、ターゲットを若い女性に絞ったような催しは実施しにくいのである。

テーマパークは、ゼロサムの競争をしているわけではない。すなわち、USJの入場者数が増えたからと言って、TDRの入場者数が減るわけではない。しかし、どちらのパークが日本のフラグシップを握れるかは、重要な戦いにもなっている。

●カード上乗せ保険 vs. 海外旅行保険

海外旅行保険では、日本ではAIU（現・AIG損害保険株式会社(26)）が長年トップを続けてきた。そこに新しいタイプの保険が登場してきた。従来、海外旅行保険に関しては、旅行の都度に保険に入るか、もしくはクレジットカードの付帯保険で間に合わせるかのどちらかであった。しかし、毎回保険に入ると、家族で旅行すると結構な金額になるし、一方、カードの付帯保険では治療費などの保険金が少なく不安が残った。

そこに登場してきたのが、「カード上乗せ保険」である。これは、クレジットカードの保険に入っていることを前提とし、それに不足する部分だけを〝上乗せ〟するタイプの保険である。上乗せ保険は、海外旅行のリピーターで、保険にくわしい層に好評である。

死亡保険金などはカードの付帯保険で十分であるが、治療費用、救援費用などの保険を上乗せするケースが多い。北米で集中治療室（ＩＣＵ）に入ると1日当たり１００～２００万円かかり、手術費用も数百万円することもある。また、治療中に帰国するための航空機をチャーターする救援費用は、１０００万円かかると言われている。これでは一般カードの治療保険１００万円、ゴールドカードの３００万円では不足する。

上乗せ保険に先行したのは、損保ジャパン日本興亜（現 損害保険ジャパン）であり、２００2年に「Ｏｆｆ！」のオーダーメイド・プランを発売した。これは治療費用以外の補償は、まったく自由な保険である。「Ｏｆｆ！」は２０１6年のオリコン日本の顧客満足度調査で1位となった。また、２０１4年にはジェイアイ傷害火災が、カード会員を対象に「クレカプラス」を発売した。さらに２０１6年には、三井住友海上、あいおいニッセイ同和、東京海上日動なども続いている。

ＡＩＵの海外旅行保険は、確かに一日の長があった。たとえば、カード付帯保険やカード上乗せ保険の多くは、現地で受診料を一旦立替払いし、帰国後に保険金を請求する必要があるが、ＡＩＵの保険は現地で直ちに保険適用となり、立て替え払いが不要である。

しかし、ニーズがあると知りながらも、ＡＩＵはカード上乗せ保険に同質化を仕掛けにくい。それをすると、顧客に最適な設計で作られたはずのこれまでのＡＩＵの海外旅行保険を、自ら否定してしまうことになる。

一方、クレジットカード会社にとっては、付帯保険の中で不足する治療費用などの保障額を引き上げると、現在の年会費では見合わなくなる。しかし、年会費の値上げをすると、カード会員が離脱する可能性もある。そのため保障額は不足するが、カード会社も同質化をしかけにくい状況にある。

6 事業の共喰化

「保険料は走る分だけ」

――ソニー損保のホームページより

「事業の共喰化」とは、リーダー企業が強みとしてきた製品・サービスと共喰い関係にあるような製品・サービスを出すことによって、リーダー企業内に追随すべきか否かの不協和を引き起こす戦略である。事業の共喰い（カニバリゼーション）には、「プラスの共喰い」と「マイナスの共喰い」がある。

「プラスの共喰い」は、複数の製品間で共喰いが起きた結果、トータルとして売上・利益が増えるケースを指し、上級商品が下級商品を喰う場合などに起きる。液晶テレビがブラウン管テレビを喰った例や、ＬＥＤ照明が蛍光灯や白熱灯を喰った例などがこれにあたる。この場合には、企業としてジレンマは生じない。

一方、「マイナスの共喰い」とは、共喰いが起きた結果、トータルとして売上・利益が減少してしまうケースを指す。たとえば、キヤノンやニコンが単価の安いミラーレス・カメラに力を入れた結果、単価の高い一眼レフの売上・利益が落ちてしまうようなケースである。この場合はリーダー企業にとって好ましくなく、たとえユーザー・ニーズがあったとしても、リーダー企業は対応しにくい。とくに、その企業が主力としてきた商品の売上減の場合には、ことは重大である。こうしたジレンマを引き起こす戦略が、事業の共喰化である。

●テイクアウト専用はできないスタバ

２０１２年頃から、コンビニで「淹れたてコーヒー」がはじまった。１杯１００円台という価格と、淹れたての味が受けて、喫茶店ではなく、コンビニでコーヒーを買う消費者が急増した。２０１３年には、年間３億杯のコーヒーを売るマクドナルドを、セブン-イレブンが上回った(27)。これに対して、コーヒーショップのトップ企業であるスターバックスは、価格で同質化を仕掛けられなかった。

第一に、テイクアウトのコーヒーだけ１００円台に値下げはしにくい。それをしてしまうと、マイナスの共喰いが起き、売上が減ってしまうからである。

第二に、スタバのコンセプトは「コーヒーを売る」のではなく、「第3の空間（サード・プレイス）」を提供することにある。すなわち、コーヒー1杯330円（定番のドリップ・コーヒーのトールサイズ）という価格には、その空間を楽しむ料金も含まれているので、テイクアウトだけ値引きすると、論理上、その差額が〝空間代〟として見えてくることになり、顧客によっては、割高さを感じてしまうことになる。

●毛先以上に歯磨きは乗らない

かつてJ&Jは、リーチという名前の毛先の小さい歯ブラシを発売した。これは「歯医者さんが勧める歯ブラシ」という宣伝文句を掲げ、小回りが効き、歯の裏側までよく磨ける歯ブラシであった。

しかし、歯ブラシのリーダー企業であるライオンは、これになかなか追随できなかった。それは、技術的に作れなかったからではなく、ライオンは歯ブラシにおいてリーダー企業であるが、同時に歯磨きにおいてもリーダー企業であったからである。すなわち、みすみす歯磨きの消費量を少なくするような小型歯ブラシは、追随したくても、追随できなかったのである(28)。

●保険料は走る分だけ

ソニー損害保険（以下ソニー損保）は、開業当初から独自のリスク細分型自動車保険を販売し、高い顧客満足を獲得してきた。

保険業法施行規則では、保険料算出の根拠として、年齢・性別・運転歴・使用目的・使用状況・地域・車種・安全装置の有無・所有台数の9項目がリスク細分項目として認められている。ソニー損保はこのうち使用状況、すなわち自動車の走行距離に応じて保険料が異なる料金体系を打ち立てた。走行距離別料金体系は、ソニー損保が初めてであった。

「保険料は走る分だけ」という宣伝文句とともに、たとえば予想年間走行距離が7000キロメートル以下ならば、主要国内損保が8万7990円のところ、ソニー損保は5万9540円と、年間で2万8450円も得をすると訴求した。自動車保険は、これまで規制業界であったこともあり、料金も画一的なものが多かった。車の利用が休日だけ、近所しか乗らないというドライバーにとっては、画一的な料金体系は、損をしている感じが強かったのである。デフレ期が長く続いたこともあり、ドライバーの中には、「余分な保険料は払いたくない」と考える人も少なくなかった。

そこに、ソニー損保の「走る分だけ保険」が登場したのである。ちなみにソニー損保の自社顧客アンケートでは、走行距離によるリスク細分を合理的と評価している顧客は、84％におよんでおり、加入動機の強さがうかがえる。

東京海上日動、損保ジャパンをはじめとする大手損保会社は、それまで走行距離に応じた料金設定は行なっていなかった。もし、安易に追随した商品を出すと、既存商品より保険料が安い商品が出回ることになり、事業の共喰いを引き起こす可能性があったからである。

さらにソニー損保は2006年より、走らなかった分の保険料が翌年安くなる「くりこし割引」を開始した。これは、ドライバーの損した気持ちを、さらに払拭する商品と言える。大手損保にとっては、保険料をますます減らす商品と位置づけられ、追随はむずかしいと考えられる。

●散髪だけでは収入減

第4章で述べたQBハウス（会社名はキュービーネット）は、フランチャイズにより急成長してきた。しかし、同業の理容業の大半は、同質化を仕掛けられなかった。それは、料金が従来の4000円前後から1200円になってしまうと、大幅な収入減になってしまうからである。

QBハウスに客を奪われた理容業者は、価格や仕組みで対抗するのではなく、ロビーイング活動をし、その成果が実り、全国29道県において洗髪台の設置が義務化された。従来の理容業では洗髪をするので洗髪台が設置されているが、ＱＢハウスはカット専門で洗髪はしないので、洗髪台は必要ない。しかし、条例違反になると営業できなくなるので、該当する道県では、〝使われない洗髪台〟が置かれている。洗髪台を置くと客席が一つ減り、売上が月間１００万円減るという(29)。

ＱＢハウスはいまや、既存業界が仕掛けてきた〝規制〟とも戦っているのである。

●同質化できない大型ジム

プールや風呂などの設備を持たない簡易型フィットネス・ジムが増えている。２００５年に米国生まれのカーブスが日本に上陸して以来、エニタイム・フィットネス、ジョイフィットなどが続いた。

カーブスジャパンは、女性を対象に数種類のトレーニング・マシンを円形に配置し、30分ワンセットでトレーニングが終わる。登録会員のほとんどが稼働会員である。欠席が続くと、コーチから来店を促す電話が入る。

気軽に通ってもらうため住宅街に立地し、水回りの施設がいらないことから、雑居ビルや商店街のテナント跡地などにも出店している。そしてフランチャイズ展開によって、店舗を増やしている。こうしたローコスト運営により、月会費も大手スポーツクラブの半額強におさえている。

カーブスの会員数は、業界首位のコナミスポーツに次ぐ2位にまで成長したが、大手のスポーツクラブは、簡易型フィットネス・ジムになかなか同質化を仕掛けることができない。従来型クラブを簡易型に転換すれば、売上の減少を招いてしまう。また、プールや浴室などに投じた費用が回収できなくなってしまう。

さらに、「高い会費を払いながらも、あまり通わない幽霊会員」によって経営が支えられていた面があり、カーブスのように会員が高頻度でジムに通うようになると混雑してしまい、利用している会員の顧客満足が下がる可能性も高いからである。

NOTE

注1：バービカンは、酒を飲めない人の宴会・パーティ需要を狙ったが、ほぼ同時期に普及してきた烏龍茶に、その市場を奪われてしまった。
注2：長年1位だったハーツは、新型コロナウイルスの流行により利用者が激減し、2020年4月に、米連邦破産法11条の適用を申請し、経営破綻した。
注3：大薗恵美（2020）「第19回ポーター賞受賞企業・事業に学ぶ」『一橋ビジネスレビュー』Spr. pp.170-179
注4：「トラスコ中山株式会社」ポーター賞受賞企業・事業レポート　2018・12

www.porterprize.org/pastwinner/2018/12/06125002.html、「トラスコ中山株式会社」ＣＢＲＥ、www.cbre-propetysearch.jp/article/logistics_base_strategy-trasco/

注５：本ケースは、丸山謙治（２００８）『競合と戦わずして勝つ戦略』をベースにしている。

注６：社会科学の博士課程修了生のうち学位取得率は２０１２年で52・２％である（文部科学省『学校基本調査』２０１２年）。また標準修業年限内での社会科学分野の学位授与率は２０１２年度で15・４％である。（文部科学省『平成24年度大学院活動状況調査』）

注７：ただし優秀でない学生は、博士号取得まで長くかかる事もあり、取得見込みがないと、退学を要請されることも多く、日本よりはるかに厳しい制度であることは間違いない。

注８：日本経済新聞夕刊　１９９３年9月1日

注９：これらの事例は、ヨッフィー&クワック（２００４）『柔道ストラテジー』日本放送協会出版によっている。

注10：このやり方は、ウォルマート傘下にある日本の西友、リヴィンでも採用されている。

注11：マルキデス（２０００）『戦略の原理』ダイヤモンド社

注12：『がっちりマンデー！』ＴＢＳテレビ ２０１７年８月６日、および朝日新聞　２０１７年８月22日

注13：一時スカイマークは、「客室乗務員は手荷物の収納の手伝いはしない」というポリシーを掲げ、議論を呼んだこともあったが、現在ではそれを撤回し、積極的に収納を手伝い、それは定時運航にも貢献している。

注14：日本経済新聞　２０１９年11月14日

注15：「大ヒットシューズ「瞬足」の今後は？　アキレス社長が明かす」『日経クロストレンド』２０１９年６月21日　xtrend.nikkei.com/atcl/contents/watch/00008/00047/

注16：日経ＭＪ　２０１３年８月23日

注17：本事例は、岡田泰範（２０１９）「成熟市場における中小企業のマーケティング施策」『早稲田大学ビジネススクール　ケースメソッド論』によっている。

注18：「祝い金」やキャッシュバックは、企業がリブセンスを外して消費者と直接契約することを避けるためにも役立っている。
注19：日本経済新聞　2019年6月12日
注20：沼上 幹（2016）『ゼロからの経営戦略』ミネルヴァ書房
注21：『日経ビジネス』2012年9月10日号
注22：沼上 幹　前掲書
注23：news.mynavi.jp/article/20180824-683097/　2018年8月21日
注24：森岡 毅（2017）『USJを劇的に変えた、たった1つの考え方：成功を引き寄せるマーケティング入門』角川書店
注25：森岡毅・今西聖貴（2016）『確率思考の戦略論』角川書店
注26：AIU損害保険は、2018年に富士火災海上保険と合併し、AIG損害保険株式会社になった。
注27：日本経済新聞　2013年11月23日
注28：この事例は、嶋口充輝（1986）『統合マーケティング』日本経済新聞社によっている。
注29：日本経済新聞　2013年9月13日

第6章

リーダー企業の対応策

本書では、リーダーを攻撃する競争業者の立場から、いかにすればリーダー企業を転落させることができるかということを述べてきた。しかし、リーダー企業としても、指をくわえて競争業者の攻撃を待ち構えているのではなく、その地位を守るためには、自ら能動的に戦略を立案・実施していかなくてはならない。

以下では、ジレンマに陥らないようなリーダー企業の戦略を六つほど示し、本書のしめくくりとしよう。

1 事業ドメインを機能で定義

第3章で述べたように、自社の事業を〝物〟で定義していると、とくに業界破壊者が登場したときに、リーダー企業は自らの首を絞めてしまう。米国タワーレコードは、自らを「CD販売業」と考えていたために、音楽配信が普及するにつれて売上が急減し、倒産を余儀なくされた。

このような場合、自社の事業を〝物〟ではなく顧客に提供する〝機能〟で定義できれば、仮に技術に連続性がなかったとしても、企業は新たな展開が可能となる。

セコムは設立当初は、ガードマンによる警備事業だけを行なっていたが、要員確保がむずかしくなったこともあり、機械警備に事業を広げていった。当時のセコム社内にはエレクトロニクスのノウハウはほとんどなかったが、他社との提携などを利用しながら、徐々にそのノウハウを蓄積していった。すなわち提供している機能に着目することによって、「ガードマンの派遣」から「顧客の安全・安心の提供」に事業ドメインを広げていったのである。

さらにその後、ホームセキュリティや在宅介護事業などにも進出し、「安全・安心」から「安心感」へと事業ドメインを拡大してきた。医療ノウハウを獲得するために、病院も買収した。

また、リクルートは紙の情報誌のリーダー企業であったが、顧客が求めているのは、「紙」ではなく「マッチング」機能であることに気づいた。社内では、紙とネットとのカニバリゼーション（共喰い）に悩んだ時期もあったが、顧客が欲しているのは「マッチング情報」であるという意思決定のもと、多くの雑誌をウェブ化し、今日でもこの分野でトップを走っている。

2 先に仕掛ける

競争戦略やマーケティング分野では、先発優位か後発優位かという議論がなされてきたが（山田・遠藤 1998）、リーダー企業にとって、自社が追随しにくい戦略を先にチャレンジャーに打たれ、それに対応するために後手に回ることは望ましくない。後手に回ると、一般的には先発者よりも打ち手に制約が多くなる。そのため先に仕掛けることは、きわめて重要である。

成長分野が限られてきた今日、自社内での共喰いを恐れて、新製品の発売を逡巡していると他社に先を越され、かえって窮地に追い込まれる。ちなみに、米国P&G（プロクター・アンド・ギャンブル）では、「他社にシェアをとられるぐらいなら、自社内で喰い合ったほうが良い」と言われてきた。

さらに、「他社とダイレクトに競争するとき、企業は自らの競争力を強化するために必要なものを学ぶ」（ペリー 1990）とも言われている。攻撃することは、戦略上望ましいだけでなく、組織を活性化する意味でも望ましい。

以下、先に仕掛けて結果的に良い成果を残してきたケースを紹介しておこう。

●ネット対応を先取りしたリクルート

前項でも述べたリクルートは、就職、住宅、中古車、結婚などの情報誌で圧倒的なシェアを誇ってきたが、情報誌とのカニバリゼーションを恐れて、インターネットへの取り組みに頭を悩ませていた。

しかし、他社にネット市場を奪われる前に、ネット上のポータルサイトを立ち上げたところ、就職市場における同社の寡占度はさらに上がり、リクルートの「リクナビ」に登録することが、就職戦線への事実上の参戦を意味するようになった。

さらに心配されていた紙媒体の衰退も、「SUUMO」などの無料誌の発刊によって、新しい活路を見出している。

●電子楽器も先行したヤマハ

国内のアコースティック・ピアノで圧倒的なシェアを誇っていたヤマハの場合、もし他社が先行して電子ピアノなどで攻撃してきたら、おそらく「アコースティック・ピアノだけがピアノであり、電子的処理による音などは、しょせん擬似的領域を出ない」という論理矛盾のため、電子化には出遅れていたかもしれない。

しかし、ヤマハは競争業者が本格的な電子楽器で攻撃を仕掛けてくる前に、自らその領域に入っていった。まず、半導体を自社で内製化することによって、本格的なシンセサイザー(DX-7)を開発し、音源にもこだわりを持ったデジタル電子ピアノ(クラビノーバ)を生み出した。そして従来のアコースティック技術と電子技術を結集し、自動演奏機能付きピアノ(ピアノ・プレーヤー)や、ピアノの生の音を消してヘッドフォンでも再生できるサイレント・ピアノなどを先行投入していった。

一方で、世界3大ピアノ・メーカーの一つと言われるオーストリアの名門ベーゼンドルファーを2008年に買収し、高級アコースティック・ピアノ市場も強化している。

まさにアナログとデジタルの両方で、他社を先行してきたのである。

●読者限定の自縛を自ら解く

日経BP社が発行する「日経ビジネス」（1968年創刊）は、17万3970部（2018年日本ABC協会認証部数）とビジネス誌で首位を続けている。しかし、同誌の販売方法に関しては、大きな転換をしてきた。

1969年に設立された日経BP社（旧社名は日経マグロウヒル）の雑誌は、かつては書店を通さず、すべて読者への直販であった。「日経ビジネス」に限らず、「日経コンピュータ」「日経メディカル」「日経アーキテクチュア」など、すべてこのスタイルを貫いていた。郵送（宅配便）で読者に届ける仕組みにしたため流通コストは安く済み、返品がないため発行部数にも無駄なく、かつ購読料は前払制のため、経営的にも非常に安定した仕組みだったのである。

これは、当時の合弁相手であった米国マグロウヒル社のやり方を踏襲したものであった。

日経BP社はこのやり方で、多くの雑誌を発刊してきた（日経マグロウヒル社は、日本経済新聞社（51％）とマグロウヒル社（49％）の出資であった。その後1988年に日経の100％出資となり、社名が変更された）。

また、日経BP社では、読者層を限定した(1)。たとえば「日経ビジネス」の場合には「管理職か専門職」に限定し、実際ヒラの社員が購読を申し込んでも断られるケースもあった。これもマグロウヒル社のやり方を真似たものであった。

雑誌に広告を出す企業にとっても、広告効果を考えた場合、読者プロファイルを把握している同社の雑誌には他誌よりも広告を出しやすい。そのため「日経ビジネス」は、広告出稿量が安定してきたため、1991年に隔週刊から週刊にした。

このように顧客の顔が見える雑誌づくりをしてきたが、1994年に大きな決断を下した。ビジネス誌で追い上げてくる「週刊ダイヤモンド」「週刊東洋経済」「プレジデント」に圧倒的な差をつけるためには、マグロウヒル社のやり方だけでなく、部数を伸ばし、広告主の認知度を上げるためにも、市販ルートにも参入する必要があった。

市販ルートに進出することは、それまでの「読者層の限定」とは明らかに矛盾する。しかし、日経BP社は直販読者への影響に注意を払いながら、まず東京メトロの売店で店売りを開始した。後に、ビジネス書に強い大型書店でも販売を開始した。

この戦略転換は結果的に成功し、現在までビジネス誌においてトップの地位を守っている。

●本業を駆逐するＲＦＩＤに参入

バーコードは、ソース・マーキング（製品を生産する段階で、バーコードを印字すること）の普及にともなって、低コストの個体識別の主役となった。今日ではバーコードは、パッケージやラベルを印字するときに一緒に印刷するため、バーコードとしての増分コストはほとんどなくなったからである。

用途はスーパー、コンビニでのＰＯＳレジのように、消費者から見える部分だけでなく、物流での仕分けなど、幅広い分野で使われてきた。

しかし、バーコードを駆逐するかもしれない〝敵〟が現われた。それがＲＦＩＤ（Radio Frequency IDentifier：近距離無線通信を用いた自動認識技術）である。ＲＦＩＤはバーコードに比べて記憶容量がケタ違いに大きく、より多くの情報を書き込むことができる。さらに非接触で読み取ることができることから、たとえば、カゴに入れたままレジを通せば、一瞬ですべての商品を読み取れる。

サトーは、二次元バーコード・リーダーでトップグループの企業である。プリンターとラベルの両方をやっている日本企業は、サトーだけである。サトーにとっては、バーコード・リーダー市場を守り、ＲＦＩＤの普及が遅くなる方が企業としては有利である。しかし、サトーは敢えてＲＦＩＤに参入した。〝座して死を待つ〟よりは、自らカニバリゼーションの道を選んだのである。

ＲＦＩＤはチップとアンテナから成るが、チップは日立製作所や大日本印刷のような特定の大企業しか作れない。アンテナを変えることによって、読み取りの距離を変えることができるが、サトーはアンテナのカスタマイズが得意であり、少量多品種に特化している。

ただし、バーコードとＲＦＩＤの市場は、競争の様相が異なる。バーコードはサトーの他、比較的中規模の企業が上位を占める市場であった。一方、ＲＦＩＤは、日立製作所や大日本印刷など、超大手企業が参入しており、サトーは真正面から戦うと経営資源の面で厳しい。

そこでサトーは、ＲＦＩＤの参入分野を絞り、そこで競争しようとしている。すなわち、同じ個体情報読み取り分野ではあるが、バーコード時代のリーダー戦略からニッチャー戦略に転換しているのである。このように世代間競争が起き、リプレースが進む中で、従来市場でリーダーであった企業が、次世代では基本戦略を変えなくてはならないことも起こる。

長期的には、バーコードはＲＦＩＤに代替されて終わりではない。ＲＦＩＤの業界外競合に、画像認識システムがある。アマゾンＧＯのような店舗では、商品一つずつのタグを読み取るのではなく、顧客が手を取った商品を画像認識で把握している。このようにまったく違う技術が、業界破壊者としてすでに登場している。

3　資産の負債化の芽を摘む

資産の負債化がチャンレンジャーの戦略であると前章で述べたが、それであれば、リーダー自らが、資産が負債になることを先に防ぐことが必要である。

●永久不滅ポイントを負債にしない

クレディセゾンは、ポイントの残高としては日本のクレジットカード業界において、業界ナンバーワンの企業である。それは2002年からはじめたポイントの有効期限がない「永久不滅ポイント」を導入しているからである。永久不滅ポイントは、カード利用1000円につき1ポイントたまり、ポイントの有効期限がない。消費者にとっては、せっかくためたポイントが期限切れで無効になってしまうリスクがなく、安心してためることができる。

一方、企業の視点から未使用のポイントは、「ポイント引当金」として負債の部に計上しなくてはならない。一種の借金である。すなわち、顧客の手元に蓄積された永久不滅ポイントは、顧客がセゾンカードを使い続ける〝市場資産〟である反面、そのままクレディセゾンの〝企業負債〟になっているのである。

セゾンの場合は、退会以外ではポイントが失効しないため、貯められたポイントのほぼ100％を引当てる必要がある。その引当額は、2009年度に535億円だったものが、2019年度には1049億円と倍増し、毎年50億円ずつ増えていた計算になる。

ちなみにクレディセゾンの年間売上高は3049億円であり、売上高に占める引当金の比率は34・4％である（日本のクレジットカードのリーダー企業であるJCBが非上場のため、ポイント引当金が把握できないが、2007年度におけるクレディセゾンのポイント引当金が454億円に対して、JCBは74億円と推定されていた(2)）。

永久不滅ポイントは消費者にとってはありがたい資産であるが、企業にとっては毎年負債が増えていくことになる。またセゾン会員の8割近くが、ポイントをアマゾンギフト券のような金券に引き換えており(3)、これは変換比率が明確であるだけでなく、企業にとっては現金が流出するという問題があった。

セゾンは増え続けるポイントに対して、手を打つ必要に迫られていた。

そこでクレディセゾンは、商品数を5倍に増やし金券よりも交換したくなる新しい交換サイトを2019年12月からはじめた。そこでは、ポイントとカード払いを組み合わせて商品を購入することもでき、使い勝手の良いサイトとした。商品に関しては、高島屋、そごう・西武などが出品者となっている。これによって、会員はより選択肢のある物品の中から好きなアイテムと交換でき、クレディセゾンはポイントを減らして負債が減り、かつ出店サイトからは手数料をもらえるおいしい仕組みとなった。

また、「セゾン投信」が販売している投資信託を、ポイントで買えるサービスを他社に先駆けて2016年から開始した。これは、ポイントがグループ企業内で周るため、キャッシュアウトがないというメリットがあった。さらに2019年からは、100ポイントを450円に換算できる証券サービス「セゾンポケット」を「スマートプラス社」と組んで開始した。

●資産を負債にしないキャリアパス

第4章で述べたQBハウスは国内の少子化を予測して、すでに海外展開を進めている。規制の少ないシンガポールでは、2006年のチャンギ国際空港を皮切りに出店を増やし、他に香港、台湾にも出店しており、今後も増やす方向である。

ただ国内における「理容師・美容師のキャリアプランをどう考えるか」は、企業資産が負債になるリスクも秘めている。すなわち1200円のカットだけを、毎日大量にこなすだけでは、技量の停滞、モチベーションの維持に課題があると考えたのである。

そこでQBハウスは、年1回技術を競うコンテストを行い、技術を磨くことを奨励し、それに報いることにしている(4)。

また、2011年には、20～40代男女をメインターゲットとし、カットだけでなくスタイリングも提供する「FaSS」を東京の中目黒に開店した。さらに2020年には、時間を大切にするビジネスパーソン向けに、大手町に「QBプレミアム」を開店し、カットだけでなくスタイリング技術を向上させたい従業員の職場も作った。

さらに一番の動機づけとしては、フランチャイズによる出店である。QBで経験を積んだ理容師・美容師に、自分のお店を持って独立してもらうキャリアパスを作っており、これがモチベーションの向上とQBハウスの成長の要である。

4 両利きの組織

第5章で述べた「両利きの経営」によれば、大企業が永続していくためには、進化と探索という二つの機能をはたしていかなくてはならない。リーダー企業は資本力にも技術にも優れるケースが多いため、次世代技術の開発にも着手している場合が多い。

しかし、社員間のコミュニケーションを重視する日本企業において、自分の隣に座っている技術者を〝不要〟にしてしまう技術を開発することは、いろいろな支障も生む。そのため現在の主力事業を否定するような技術や事業を開発する場合には、当事者同士が直接顔を合わせないような工夫が必要である。

とくに、新しい事業が主力事業より利益率が低く、新規顧客固有のニーズに応える必要がある場合、独立した組織を設置することは有効である(5)。

●隔離されたデジカメの開発部隊

1981年、ソニーが「マビカ」というアナログ式の電子スチルカメラを発表し、カメラ業界を騒然とさせた。「マビカ」はフィルムを使わず、フロッピーディスクに画像を記録して、テレビで再生するという、これまでのカメラの概念を一新する機器であった。この「マビカ」の発表を横目で眺めながら、フィルム・カメラのリーダー企業であるキヤノンは、電子スチルカメラの開発に着手していた。

カメラ・メーカーではなかったソニーにとっては、電子スチルカメラは何ら社内競合を引き起こすものではない。しかしキヤノンにとっては、一眼レフのリーダー企業として、現行のフィルム・カメラ技術を懸命に向上させようとしている技術者が多数いる中で、そうした技術を不要にしてしまう電子カメラの開発を進めなくてはならないという、組織上の問題があった。

そこでキヤノンでは、電子スチルカメラの開発部隊は、フィルム・カメラの開発陣とは物理的にも隔離し、〝顔を合わさせない〟配慮をした(6)。こうした工夫もあり、カシオが本格的なデジタルカメラを1995年に発売して以降、キヤノンも遅れずしてデジカメを発売し、現在デジタルカメラでもトップに位置し続けている。

●覆面分社化で生まれたイプサ

1978年、資生堂は、まったく新しいスタイルの化粧品を開発した。それは「メーカーの化粧品に人を合わせる」のではなく、「一人ひとりの肌の違いに合った化粧品をオーダーメイドで提供する」という〝私だけの〟化粧品であった。具体的には、個別に肌の診断をして、各人にあった化粧品を調合する仕組みである。ブランド名は「イプサ（IPSA）」とした。

しかし、イプサの販売に関しては、従来のやり方が通用しなかった。これまでの資生堂の化粧品の売り方は、花椿会に代表される全国の化粧品店・薬局で推奨販売をする一方、百貨店などに美容部員を派遣し、顧客に〝声をかけて、座らせ、塗る〟というやり方で新規顧客を開拓してきた。

ところがイプサは、大量生産・大量販売の商品ではないため、全国に広がる化粧品店にはそぐわない。その上、自分に合った化粧品を求めたい消費者の中には、美容部員に薦められて化粧品を選ぶことを嫌う人も少なくない。すなわちイプサに関しては、従来、資生堂が得意としてきた販売方法が、かえって消費者を遠ざけかねなかったのである。

そこで資生堂は、地域を代表する百貨店だけに出店を厳選し、かつ、資生堂の名前を一切出さずに、「イプサ」という別会社を設立し、そこで販売を展開したのである。

こうした覆面分社化が功を奏し、顧客の中には、外国の化粧品会社が参入してきたと思った人もいた。このように覆面分社戦略は、「イプサ」をこれまでの資生堂のイメージから切り離すことに成功したのである(7)。なおこのやり方は、後の「アユーラ(AYURA)」にも採用された(8)。

しかし、第2章でも述べたように、隔離だけでは新規事業が育たないという問題意識が出てきた。両利きの経営の考え方では、新事業の立ち上げのときは既存事業のやり方に左右されないように、小規模な組織を作る。

ただし、新事業を大きく育てるためには、既存事業の持つ顧客基盤や情報・技術などの強みを生かす。それを生かさなければ、スタートアップと同じになってしまう。そのために成長期には、組織は分けない方が望ましいという考え方である。以下そのような事例を見ていこう。

●同じ事業部でカニバリを防ぐ

家庭用プリンターの代表格は、インクジェット・プリンターである。カラープリンターの場合、約5000円するインクカートリッジのセットが収益源であった。カートリッジ1本約1000円する。本体ではなく、その後に発生する消耗品で儲ける「ジレットモデル」の代表例である。

日本で家庭用として売られているプリンターは、東南アジアでは業務用として使われていた。インドネシアもそうした国の一つであったが、なぜかインクカートリッジが売れず、セイコーエプソンの事業としては赤字であった。

エプソンが現地調査をしたところ、外付けのインクからチューブでプリンター本体に送る改造業者がおり、インクカートリッジが売れていなかった。知的財産権侵害で裁判に訴える方法もあったが、東南アジアではイタチゴッコになる可能性も高く、エプソンは違法業者にとられるくらいなら、自社で一体型を作ろうと考えた。

そこで開発されたのが、大容量インクタンク・プリンターであった。インクタンクに2年分のインクを搭載した。

違法業者の外付けチューブは、たびたび事故も起きていたが、大容量インクタンクを内蔵したエプソン製では、事故はなくなった。本体価格は高くなるが、本製品発売後、違法業者は駆逐され、エプソンの事業は正常化した。

国内ではジレットモデルが成り立っていたので、大容量インクタンク・プリンターを発売する必要はなかった。発売すれば、従来のビジネスモデルとカニバリゼーションが起きてしまう可能性があった。大容量インクタンク・プリンターは、途上国で販売されていたが、国内では販売を控えていた。

しかし、海外での評判を耳にした日本のユーザーからも発売を要望され、日本でも発売することになった。大容量インクタンク・プリンターは、ユーザーにとって初期投資額は高くなるが、多くの枚数を印字する顧客にとっては、印刷単価としては有利になった。また、印刷中に「インクがなくなりました」という表示が出ることにストレスを感じていた顧客にとっては、インクタンク・プリンターは、2年に1度しかこの表示が出ず、ストレスは大きく減った。

このプリンターは、国内で従来のプリンターとビジネスモデルのカニバリゼーションを起こす可能性があった。ところが、その問題は起きなかった。エプソンでは、従来のプリンターと、大容量インクタンク・プリンターを同じ事業部で扱うことにした。これによって、「どちらが売れても売上が増えれば良い」状態にしたのであった(9)。

●リトレッドを取り込んだブリヂストン

世界一のタイヤメーカー・ブリヂストンは、2001年にリトレッド業界で世界トップの米国バンダナ社を買収し、リトレッド事業に本格参入した。リトレッド（retread）とは、タイヤの表面の摩耗したゴム（トレッド）を貼り替えて使う〝再生タイヤビジネス〟である。ユーザーにとっての利点は、タイヤ費用の削減、CO_2排出量の削減などがある。

ちなみに使用する資源の量は、新品を100とすると32ですむ。欧米のトラック・バスでは、新品とリトレッドタイヤの比率は半々となっている。

タイヤを売り切らないで、サブスクリプションのような形でユーザーに貸出し、タイヤ交換の管理などすべての面倒をブリヂストンが見ることが特長である。リトレッド事業においては、タイヤを売り切りにせず、ユーザー（トラック、バスなど）のタイヤの管理をすべてブリヂストンが行うトータル・パッケージプランをはじめた。このプランで契約すれば、ユーザーはタイヤに関してまったく心配しなくてよくなる。タイヤの走行距離管理も、ブリヂストンが代行することになり、タイヤ管理者が不要になった。

しかしブリヂストンは、世界一の新品タイヤの企業であり、リトレッドは確実に新品タイヤの売上を減らす。すなわち、カニバリゼーションが確実視された。

ブリヂストンが敢えて再生タイヤ事業に参入したのは、世界的にタイヤの市場が成熟し、売上の伸びは鈍化する。一方、発展途上国製のタイヤも市場に参入し、平均単価が下がり、世界トップと言えども、安泰ではなくなってきた。

カニバリゼーションを起こしうるリトレッドに対して、ブリヂストンは、従来子会社で行なっていたリトレッド事業を、本体に取り込んだ。それは、新品、メンテナンス、リトレッドを一貫した事業として社をあげて行うことの決意の表われである。また、リトレッドを導入することによって、顧客との関係を強くし、売り切りではなく、サブスクリプション・モデルによってLTV（顧客生涯価値）の向上に貢献できるからであった。

従来の考え方では、カニバリゼーションを起こすような事業は本体から切り離して、本体の影響を受けないようにすることが主流であったが、事業を成長させるために、本体の中にカニバリゼーションを起こす事業を取り込んだのである。

これによって、リトレッド事業を全社的に推進する会社の意志を表明しただけでなく、ユーザーに対しては、ブリヂストン本体が実施することで、〝中古タイヤ〟の不安を払拭し、安心感を与えたとも言える。こうした組織変更もあり、リトレッド事業は順調に立ち上がった。

現在ではブリヂストンは、新品タイヤ、メンテナンス、リトレッドを一貫したサービスとして、全社で取り組んでいる。また最近では、リトレッダビリティ（リトレッドしやすさ）を高めたタイヤを開発するなど、新品タイヤの作り方も変化してきた。さらに、タイヤにチップを埋め込み、ＩＣＴ技術を用いてタイヤ管理を高度化していく計画である(10)。

●リアルとバーチャルを両立させる

家電の販売において、アマゾンなどのネットの比率が高くなる中、リアル店舗を持つヨドバシカメラは、店舗の値札にバーコードを表示し、スマホでそれをかざすと、ヨドバシ・ドットコムに飛ぶことができ、リアルとネットの同一価格を保証する仕組みを早々に作った。店舗で購入する顧客は、従来は「もしかしたらネットの方が安いかもしれない」という不安を持ちながら購入してきたが、その不安をなくしたのである。

ひと昔前までは、ネットはリアルを喰うものとして対極におかれていたが、消費者がネットに移っていくことは、時代の流れとして阻止しようもないため、大手量販店はやむをえずネット販売も開始している。しかし、店舗とのカニバリゼーションを恐れる企業は、おそるおそる両者を並列させているため、両者の連携は十分とれているとは言えない。

それに対してヨドバシカメラは、リアルとバーチャルを別会社にせず、同じ会社の中で対応し、どちらにころんでも損しない顧客本位の仕組みを作り上げたのである。

5 新たな競争要因を見つける

本書では、非連続技術革新、ユーザーの価値観の変化、法律・制度の変化が競争環境を変えると述べてきたが、それらを待っているだけでなく、リーダー企業自らが新たな競争要因を作り出していくことも必要である。

本書の冒頭で示した、旅行業界のリーダーJTBは、直販を強化するJR、航空会社や、「楽天トラベル」「じゃらんネット」などのネット専門旅行会社などから、その地位を脅やかされている。価格だけを考えれば、店舗を持たず固定費の低いネット通販の方が有利であるが、価格だけが顧客が旅行会社を選択する唯一の要因であろうか。

インターネットを使って、より安いチケットやツアーを探し出すことは可能であるが、その作業をするための時間コストは、万人に共通ではないだろう。時間コストの大小は個々人によって異なっている。たとえば、忙しい社長が自らパソコン作業に多くの時間を使うのであれば、その機会損失は節約できるコストよりも大きくなるかもしれない(11)。

時間コスト(機会費用)が万人同じでない点に着目すれば、〝コンシェルジュ・サービス〟を展開することによって、十分その強みを生かすことができる(専任化によって、顧客にとっても、相談する時間そのものを短縮できる)。機会損失の高い顧客の「時間」に着目することによって、リーダー企業の持つ資源が有効に生かされるチャンスもある。

●ＪＴＢの真の資産は?

ＪＴＢは、海外出張に俊敏に対応するために、２００１年世界第2位の米国カールソン・ワゴンリー・トラベルと合弁で、ＪＴＢビジネス・トラベル・ソリューションズを設立した。同社は出張関連業務のアウトソーシングであるビジネス・トラベル・マネジメント(ＢＴＭ)事業を行なっている。出張のトータルな効率化を謳い、出張の起案・承認、各社の出張規程に基づく旅費精算、日当や諸手当、仮払い、交通機関・宿泊施設の予約、社内精算、外部への支払いなどを一括して行う事業をしている。

ＢＴＭ導入のメリットとしては、

①直接コストの削減
②間接コストの削減
③出張者のＣＳ向上
④出張フローの効率化と利便性向上

⑤危機管理
⑥出張規程管理等のコンプライアンス
⑦グローバルレベルでのサービス提供

などがあげられる。単なるコストダウンにとどまらず、リスク対応やコンプライアンスの向上にまで貢献することが特長である。

また、ＪＴＢグローバル・マーケティング＆トラベルは、企業イベント、国際会議などに関わるサービスを包括的に提供している。国際会議の場合、会議場の手配にはじまり、参加者の航空券や宿泊手配、参加者の登録や管理も代行し、会議場とホテル間の移動のバスのチャーターもはじめた。会議で通訳が必要であれば適任者を探し、会議資料の翻訳サービスも行なっている。

このように交通機関や宿泊の手配から、国際会議に必要な機能をすべてフルセットで提供するようになり、機会損失の高い顧客にとって、自分で一つずつネットで手配するよりも、結果的に安く提供できるようにした。

企業から一括受注ができれば、さらなるメリットが生まれる。ＪＴＢは当該企業の全出張者のデータを持つことができ、災害や疫病発生のときの安全確認を素早く行える。ＪＴＢは海外駐在員の数も業界で最多であり、一時は「負債」になったかと思われた資源が、リスク・マネジメントという視点から見直せば、再び「資産」となる可能性もあるのである（ＪＴＢは、他社が現地会社に委ねている海外拠点も自社で保有しているところも多く、海外で事件が起きたときなどは、迅速な対応ができるようになっている）。

6　隠れた競争の武器に気づく

リーダー企業は、自社の強みを本当に理解しているであろうか。自分では気づいていない強みを、他社から教えられることも少なくない。

以下ではそうした内外の事例を紹介してみよう。

●真の武器は決済機能だった

海外に目を向けると、日本より先にエネルギーの規制緩和が行われたイギリスの電力・ガス供給会社セントリカ（Centrica）の事例が注目される。セントリカは、国営企業であったブリティッシュ・ガスが民営化、分社されてできたガスの販売会社である。イギリスでは一般家庭においても、電気・ガス双方の自由化が進み、ガス分野には電力会社のみならず、Ｂ

Pやシェルなどの石油会社が、原料の支配力をベースに価格競争をしかけ、参入してきた。

セントリカもこうした侵入者に一時的にシェアを奪われたが、消費者が求めていたのは、価格の安さだけではなかった。異業種から参入した企業は、価格の安さを訴えたが、一軒一軒の家庭の検針や、料金決済に関してはミスも多く、消費者からのクレームが絶えなかった。セントリカは国営企業時代から料金決済はしていたが、彼らはその正確性が消費者から評価される競争の武器になるとは思っていなかった。

しかし、競合企業にその武器の優位性を知らされ、「Taking Care of the Essentials（必需品のお世話をします）」というスローガンを掲げ、決済システムを軸にクレジットカード事業に進出し、さらに電力、通信、保険などにも参入した。

中でもカード事業は、ポイント制によるガス料金の割引きなどもあり、多くのユーザーをつかんだ。セントリカは、一旦は新規参入企業にシェアを奪われたが、ビリング（請求・決済）業務の正確性が評価され、いまでは電力のシェアをも喰う企業になったのである。

●新幹線の真の強みは？

ＪＲは、新幹線技術を輸出しようと懸命になってきたが、フランス（ＴＧＶ）やドイツ（ＩＥＣ）などとの競合もあり、思うようには進んでいない。

しかし、新幹線車両というハードウエアから、ソフトウエアやサービス・オペレーションに目を向ければ、競合国を上回るノウハウは十分あると言える。たとえば、東京の山手線並みの頻度で、10分おきに最高時速270キロメートルの「のぞみ」を走らせる運行技術や、1964年の開通以来、「車内における乗客の死亡事故ゼロ（JR東海）」(12)の仕組みなどは、他国は簡単には追随できない。

他国では、航空業界などとの熾烈なコスト削減競争の結果、運行やメンテナンスなどの現場の工程を切り離し、現場は外国人労働者等の未熟練労働力に任せているため、正確・安全な運行が、しばしば支障をきたしている。

一方、JRは〝上下分離〟されておらず、同一企業内で上下がシステマティックに運用される強みを持っている。ハードウェアの陰に隠れて見えにくいが、オペレーションの力が、差別化の武器になる強みかもしれない(13)。

●アウトレットを抜いた成田空港

成田空港（成田国際空港株式会社）は長い間、日本における空港ではリーダーの地位にあった。最近では羽田空港が国際線を増やし、その地位を奪いつつある。成田空港は2004年に民営化され、自立して生きていく必要が出てきた。

民営化直後は、成田空港の収入の7割は航空系収入であった。航空系収入は、航空会社からの着陸料、停留料、旅客からの施設使用料、石油会社からの給油施設使用料からなっている。

しかし、2014年度からは、非航空系収入の方が航空系収入を上回るようになってきた。非航空系収入には、リテール事業、施設貸付事業、鉄道事業が含まれる。この中で多くを占めるのがリテール事業であり、物販・飲食収入と構内営業料収入（テナント賃料）からなる。この中心が、ショッピングモールでの売上である。

民営化前の成田空港では、現在ショッピングモールがある場所は、ただの通路にすぎなかった。しかし、民営化を契機に、国際的には空港間競争の激化を背景に、空港は航空系以外の収入を増やしていく必要が出てきた。そこで目をつけたのが、それまで活用されていなかった出入国管理（イミグレーション）後の通路であった。その場所は他社が手を出すことのできない独占的立地であり、かつ比較的金銭に余裕のある人が、出発時刻よりかなり前に到着し、時間をもて余していた場所であった。さらに税関後の通路は、税金の払い戻し作業も不要で、免税での販売に最も適した場所であった。

そこで免税品を購入できれば、免税手続きも容易で、訪日客にとって荷物を運搬する手間は最小になり、特に中国人観光客の間では、「最後に成田で買う」ことが、SNSで広まってきた。成田のリテール事業の売上は、２０１３年度には日本有数の御殿場プレミアム・アウトレットを凌ぐものになった(14)。

このように、チャレンジャー企業に攻撃された競争要因に対応するだけでなく、チャレンジャーにはできない隠れた優位性を探し出し、それを強化していくことが、リーダー企業の対応としては、王道なのかもしれない。

Note

注１：その後出版された『日経ＰＣ 21』『日経トレンディ』『日経ヘルス』など仕事以外の雑誌は、読者を限定せず最初から書店販売用の雑誌とした。
注２：日本経済新聞　２００８年６月26日
注３：『日経トレンディ』２０２０年３月号
注４：ちなみにコンテストの課題は、一番難しいとされる丸刈りを、決められた時間内に綺麗に仕上げることが求められている。
注５：たとえば、Bower and Christensen（１９９５）、クリステンセン（１９９７）、マルキデス（２０００）
注６：野中郁次郎・山田英夫（１９８６）「企業の自己革新プロセスのマネジメント」『ダイヤモンド・ハーバード・ビジネス』Feb.-Mar. pp.77-88
注７：イプサは、非資生堂の顧客を獲得することに成功したが、今度は、イプサの顧客が徐々に高齢化してき

ために、顧客の肌の変化に対応するために〝イプサミドル〟〝イプサシルバー〟を開発すべきかという新たな問題に直面してきた。

注8：アユーラは、2015年に資生堂からアインファーマに売却された。
注9：山田英夫（2014）『異業種に学ぶビジネスモデル』日本経済新聞出版社
注10：注9に同じ
注11：証券会社が富裕層向けに資産運用を一括して任せてもらい、顧客が手数料を払う証券会社の「ラップ口座」も、機会損失の大きい顧客に対して同じようなメリットを提供している。
注12：1995年に三島駅で、駆け込み乗車をした乗客がドアにはさまれ、ホームから転落死した例が1件ある。
注13：台湾新幹線には、JRのオペレーション技術がかなり輸出されている。
注14：山田英夫（2017）『成功企業に潜むビジネスモデルのルール』ダイヤモンド社

おわりに

　これまでヒト、モノ、カネ、情報と言われる経営資源に関しては、「資源が多い方が有利である」という暗黙の前提で考えられてきた。特に業界のリーダーの地位にある企業は、「その経営資源の優位性を活かすことによって、競争優位を構築できる」というものであった。

　しかし近年、「持てるものの弱み」「持たざるものの強み」が目立つ事例が増えてきた。それは決して余剰人員や老朽化した設備というようなものではなく、これまで競争優位を保ってきた企業の「強み」こそが、一転して「弱み」に転化してきた事例である。たとえば、現行の技術に優れるリーダー企業が、次世代技術の取り組みに出遅れたり、確固たる販売網を持つ企業が、その販売網があるがゆえに、流通構造の変革に対応できないでいる。

　本書は、このような「強み」が「弱み」に転化していく現象を「資産の負債化」と呼び、なぜ、そうした現象が起きるのか、またチャレンジャー企業は、いかにしてリーダー企業の資産を負債化させていくことができるのかを、豊富な日本企業の事例をベースに提言した。

　また、同業他社だけを見た競争に終始していると、とんでもないところから競合企業が現われ、一瞬のうちに業界そのものが壊滅させられたり、業界構造をまったく変えられてしまうケースも増えている。本書では、競合企業を同業他社だけにとどめず、業界外からリーダー企業を攻撃する場合の戦略に関しても、そのフレームワークを示した。

数多くの事例研究から、以下の点が明らかになった。

- **「リーダーとは決して安泰な地位ではなく、むしろあらゆる企業から標的とされるリスキーなポジションである」**
- **「リーダーは、その競争優位の源泉から転落がはじまる」**
- **「リーダーが追随しにくい戦略こそが、逆転を狙うチャレンジャー企業の戦略である」**

本書は、いかにして競合企業に対して有効な戦略を立てるべきかを仕事とする経営企画・事業企画担当者、また基本的なビジネス書はすでに読破したが、それを実際にどのように自社の戦略に具現化していくべきかに頭を悩ましているビジネスマンに、解決のヒントを提供することを目的とした。本書では、実務で「腹に落ちる考え方」「使える理論」を目指した。進め方としては、〝事例をして語らしめる〟方法をとった。忙しいビジネスマンが新しい概念を理解するためには、事例で理解するのが、一番腹に落ちやすいと考えたからである。

またさまざまな世代の読者に理解していただくため、最新の事例とやや古い事例を混ぜて紹介した。

しかし、最新の事例を紹介すればするほど、上梓後に直ちに陳腐化するリスクがある。本書ではそれも覚悟の上で、新しい事例と古典的な事例とを組み合わせて説明した。

過去、本書で事例としてあげた企業で、今回の版ではとりあげなかった事例として、以下のような企業があげられる。もし興味のある方がおられれば、図書館を探して戴くか、アマゾン・マーケットプレイスなどを検索して戴ければ幸いです（社名は発売当時の表記）。

■初版『ストラテジック・ジレンマ：成功神話は復讐する』講談社（1990）

丸井、日本タイプライター、岩崎通信機、チャコット、キヤノン、NTT、ミネベア、三菱化成、コニカ、全労災、セブン‐イレブン、YKK、ぴあ、ビクター、野村證券、シャープ、JCB、松下電器、資生堂、フィリップス、キングジム、セコム、ヤマハ、セイコー、キリンビール

■初版『逆転の競争戦略』生産性出版（1995）

セイコー、モンデックス、共同通信、アシックス、三和銀行、花王、ミスミ、セレモネット、ミノルタ、ソニー、住友クレジット、ファンケル、カシオ

■2版『新版　逆転の競争戦略』生産性出版（2004）

花王、シティバンク、ツーカー、アップリカ

■3版『逆転の競争戦略　第3版』生産性出版（2007）

三和銀行、ソニーコンピュータエンタテイメント、松井証券、全日空

■4版『逆転の競争戦略　第4版』生産性出版（2014）

エーザイ、マイクロソフト、電通、ナガオカ、カワサキ、フタバヤ、平凡社、NEC、バイデザイン、ワイルドカード、ソフトバンク、ヤフーBB、ヴァージン・アトランティック航空、ベネッセ、日本コカコーラ、スルガ銀行、トヨタ自動車、ニッカウヰスキー、帝国ホテル、明治、森永乳業

注：今回取り上げなかった事例のうち、一番古い版に掲載されたものを記載した。なお同一の企業名がある場合は、掲載されている事例内容が異なっている。

最後に今回の改訂については、まずは出版環境の厳しい折、第5版まで出していただいた生産性出版に厚く御礼申し上げたい。また、面倒な編集作業に関しては、同社の村上直子さんにお骨折りいただいた。原稿の整理に際しては、今回も秋山直子さんに何度も無理を重ねていただいた。TAの佐藤由里さんにもお世話になった。ここに改めて感謝申し上げます。

本書で示したフレームワークが、逆転を狙う企業の戦略策定の一助となれば幸いです。

著者

参考文献

- Abell, D.F. and J.S. Hammond (1979) *Strategic Market Planning*, Prentice-Hall (片岡一郎・古川公成・滝沢茂・嶋口充輝・和田充夫訳(1982)『戦略市場計画』ダイヤモンド社)
- Abell, D.F. (1980) *Defining the Business : The Starting Point of Strategic Planning*, Prentice Hall (石井淳蔵訳(1984)『事業の定義』千倉書房)
- Abernathy W., K. Clark and A. Kantrow (1983) *Industrial Renaissance*, Basic Books (望月嘉幸監訳(1984)『インダストリアル・ルネサンス』TBSブリタニカ)
- 相葉宏二(1995)『日本企業変革の手法』プレジデント社
- オールウェイズ研究会編、青井倫一・矢作恒雄・和田充夫・嶋口充輝(1989)『リーダー企業の興亡』ダイヤモンド社
- 青島矢一・加藤俊彦(2003)『競争戦略論』東洋経済新報社
- 淺羽茂(1995)『競争と協力の戦略』有斐閣
- Bailey E.E., D.R. Graham and D.P. Kaplan (1985) *Deregulating the Airlines*, MIT Press
- Bloom, P.N. and P. Kotler, (1975) Strategies for Hight Market-Share Companies, *Harvard Business Review*, Nov.-Dec., pp.63-72
- Bonoma, T.V. (1981) Market Success can breed 'Marketing Inertia', *Harvard Business Review*, Sept.-Oct. (相岡良之訳(1982)「マーケティング惰性」『ダイヤモンド・ハーバード・ビジネス』Jan.-Feb. pp.38-46)
- Bower J.L. and Christensen C.M. (1995) Disruptive Technologies : Catching the Wave, *Harvard Business Review*, Jan.-Feb., pp.43-53 (坂本義実訳(1995)「ハイテク萌芽市場を制する分岐技術」『ダイヤモンド・ハーバード・ビジネス』June-July., pp-93-104)
- Brandenburger A.M. and B.J.Nalebuff, *Co-opetition*, Doubleday (嶋津裕一・東田啓作訳(1997)『コーペティション経営』日本経済新聞社)
- Buzzel, R.D. and B.T. Gale (1987) *The PIMS Principles*, The Free Press (和田充夫＋87戦略研究会訳(1988)『新PIMSの競争原則』、ダイヤモンド社)
- Casadesus-Masanell R. and J. Tarzijian (2012) When One Business Model Isn't Enough, *Harvard Business Rtvies*, Jan.-Feb. pp.132-137 (高橋由香理訳(2014)「ラン航空：異質な収益モデルを共存させる」『Diamondハーバード・ビジネス・レビュー』Apr. pp.90-100)
- Checkland P. (1983) O. R. and the Systems Movement : Mappings and Conflicts, *Journal of Operational Research Society*, Vol.34, No.8, Systems in O. R., pp.661-675
- Christensen. C.M. and R.S. Rosenbloom (1995) Explaining the Attacker, s Advantage : Technological Paradigms, Organizational Dynamics, and the Value Network, *Research Policy*, Vol.24, No.2, pp.233-257.
- Christensen C.M. (1997) *The Innovator's Dilemma*, Harvard Business School Press, (伊豆原弓訳(2000)『イノベーションのジレンマ(増補改訂版)』翔泳社)
- Christensen C.M. and M.E. Roynor (2003) *The Innovator's Solution*, Harvard Business School Press (玉田俊平太監修・桜井祐子訳(2003)『イノベーションへの解』翔泳社)
- Cusumano M.A. and B.Yoffie, (1998) *Competing on Internet Time*, The Free Press (松浦秀明訳(1999)『ネットスケープ vs. マイクロソフト』毎日新聞社)

- Downes L. and P.F. Nunes (2013) Big-Bang Disruption, *Harvard Business Review*, Mar. pp.44-56（有賀裕子訳(2013)「破壊的イノベーションを超えるビッグバン型破壊」『Diamond ハーバード・ビジネス・レビュー』June pp.90-105）
- Duncan R. B. (1976) "The Ambidextrous Organizations: Designing Dual Structures for Innovation". In R. H. Kilmann, L. R. Pondy and D. Slevin(Eds.), *The Management of Organization Design: Strategies and Implementation*, Vol.1, pp.167-188, North-Holland
- Festinger, L. (1957) A *Theory of Cognitive Dissonance*, Row Peterson（末永俊郎監訳(1965)『認知的不協和の理論』誠信書房）
- Foster, R.N.(1986) Innovation：*The Attacker's Advantage*, Summit Books（大前研一訳(1987)『イノベーション』TBSブリタニカ）
- Frank R.H. and P.J. Cook (1995) *The Winner-Take-All Society*, The Free Press（香西 泰監訳(1998)『ウイナー・テイク・オール』日本経済新聞社）
- 伏見多美雄(1972)『企業の経済分析』中央経済社
- Gialloreto L. (1988) *Strategic Airline Management*：*The Global War Begins*, Pitman Publishing（塩見英治・吉田邦郎・高橋望・寺田一薫訳(1991)『航空輸送のグローバル化と戦略的経営』成山堂）
- Ghemawat P. (2001) *Strategy and the Business Lanascape*, Prentice Hall（大柳正子訳(2002)『競争戦略講義』東洋経済新報社）
- Hall, W.K. (1980) Survival Strategies in a Hostile Environment, *Harvard Business Review*, Sep.-Oct., pp.75-85（中村元一、矢島茂訳(1981)「8業種にみる逆境下の生き残り戦略」『ダイヤモンド・ハーバード・ビジネス』Jan.-Feb. pp.14-27）
- Hamel G. and C.K. Prahalad (1989) Strategic Intent, *Harvard Business Review*, May-June pp.63-78（狩野貞子訳(1989)「ストラテジック・インテント」『ダイヤモンド・ハーバード・ビジネス』Oct.-Nov. pp.11-27
- Hamermesh, R.G., M.J. Anderson, Jr. and J.E. Harris(1978)Strategies for Low Market Share Business, *Harvard Business Review*, May.-June. pp.95-102
- 原田勉(2000)『ケースで読む競争逆転の経営戦略』東洋経済新報社
- 平野雅章(1988)「ソフト・システムズ・メソドロジー(SSM)序説」『早稲田大学システム科学研究所紀要』第19号, pp.107-117
- 石井淳蔵(1984)『日本企業のマーケティング行動』日本経済新聞社
- 石井淳蔵(1985)「競争戦略」石井淳蔵・奥村昭博・加護野忠男・野中郁次郎『経営戦略論』有斐閣
- 伊丹敬之(1984)『新・経営戦略の論理』日本経済新聞社
- 伊丹敬之(2012)『経営戦略の論理　第四版』日本経済新聞出版社
- 伊丹敬之＋伊丹研究室(1988)『逆転のダイナミズム：日米半導体産業の比較研究』NTT出版
- Johnson M.W., (2010) *Seizing the White Space*：*Business Model Innovation for Growth and Renewal*, Harvard Business Press,（池村千秋訳(2011)『ホワイトスペース戦略』阪急コミュニケーションズ）
- 近能善範・高井文子(2011)『コア・テキスト イノベーション・マネジメント』新世社
- Kotler, P. (1991) *Marketing Management : 7th Edition*, Prentice-Hall（村田昭治監修、小坂恕・疋田聡・三村優美子訳(1996)『マーケティング・マネジメント第7版』プレジ

デント社)
- 楠木建(2010)『ストーリーとしての競争戦略』東洋経済新報社
- Levitt, T. (1960) Marketing Myopia, *Harvard Business Review*, July.-Aug., pp.3-13 (土岐坤訳(1982)「マーケティング近視眼」『ダイヤモンド・ハーバード・ビジネス』 Mar.-Apr. pp.11-29)
- Levitt, T. (1962) *Innovation in Marketing*, MacGraw-Hill (土岐坤訳(1983)『マーケティングの革新』ダイヤモンド社)
- Levitt, T. (1969) *The Marketing Mode*, McGraw-Hill (土岐坤訳(1971)『マーケティング発想法』ダイヤモンド社)
- Loucks J, J. Macaulay, A. Noronha and M. Wade(2016) *Digital Vortex: How Today's Market Leaders can Beat Disruptive Competitors at Their Own Game* IMD (根来龍之監訳、武藤陽生訳(2017)『対デジタル・ディスラプター戦略』日本経済新聞出版社)
- MacCammon Jr. B.C. (1973)*Future Shock and the Practice of Management*, a paper presented at the Fifth Annual Attitude Research Conference of American Marketing Association
- March J. (1991) Exploration and Exploitation in Organizational Learning, *Organization Science* Vol.2, No.1, pp.71-87
- Markides C. C. (2000) *All the Right Moves,* Harvard Business School Press (有賀裕子訳(2000)『戦略の原理』ダイヤモンド社)
- 丸山謙治(2008)『競合と戦わずして勝つ戦略』日本能率協会マネジメントセンター
- 武藤修靖(1991)『逆転の市場創造』ダイヤモンド社
- 日経産業新聞編(1972)『逆転の経営』日本規格協会
- O'Reilly Ⅲ C. A. and M. L. Tushman (2013) Organizational Ambidexterity:Past, Present, and Future" *Academy of Management Perspective*, Vol.27, No.4, pp.324-338
- O'Reilly Ⅲ C. A. and M. L. Tushman(2016) *Lead and Disrupt: How to Solve Innovator's Dilemma* Stanford University Press (入山章栄監訳・渡部典子訳(2019)『両利きの経営』東洋経済新報社)
- 織畑基一(1990)『情報世紀への企業革新』日本経済新聞社
- Perry L.T. (1990) *Offensive Strategy*, Harper Business (恩蔵直人・石塚浩訳(1993)『攻撃戦略』ダイヤモンド社)
- Peters T.J. and R.H. Waterman (1982) *In Search of Excellence*, Harper & Row (大前研一訳(1983)『エクセレント・カンパニー』講談社)
- Porter ,M.E. (1980) *Competitive Strategy : Techniques for Analyzing Industries and Competitors*, The Free Press (土岐坤・中辻萬治・服部照夫訳(1982)『競争の戦略』ダイヤモンド社)
- Porter, M.E. (1985) *Competitive Advantage : Creating and Sustaining Superior Performance*, The Free Press (土岐坤・中辻萬治・小野寺武夫訳(1985)『競争優位の戦略』、ダイヤモンド社)
- Prahalad, C.K. and R.A. Bettis (1986)The Dominant Logic : A New Linkage Between Diversity and Performance, *Strategic Management Journal*, Vol.7 Issue 6, pp.485-501
- Ries, A. and J. Trout (1986) *Marketing Warfare*, McGraw-Hill (小林薫訳(1987)『マーケティング戦争』プレジデント社)

- Sammon, W.L. (1986) Assessing the Competition：Business Intelligence for Strategic Management,in Gardner J.R., R. Rachlin and H.W. Allen Sweeny eds. *Handbook of Strategic Planning*, John Wiley and Sons（土岐坤・中辻萬治・小野寺武夫・伊藤泰敬訳(1988)「競争の評価」『戦略計画ハンドブック』ダイヤモンド社）
- 千住鎭雄編(1972)『経済性分析』日本規格協会
- Shenkar O. (2010) *Copycats : How Smart Companies Use Imitation to Gain a Strategic Edge*, Harvard Business School Publishing（井上達彦監訳、遠藤真実訳(2013)『コピーキャット』東洋経済新報社）
- Schaars S.P. (1994) *Managing Imitation Strategies*, The Free Press（恩蔵直人・坂野友昭・嶋村和恵訳(1996)『創造的模倣戦略』有斐閣）
- 嶋口充輝(1984)『戦略的マーケティングの論理』誠文堂新光社
- 嶋口充輝(1986)『統合マーケティング』日本経済新聞社
- 嶋口充輝・石井淳蔵(1987)『現代マーケティング』有斐閣
- 新宅純二郎・淺羽茂編(2001)『競争戦略のダイナミズム』日本経済新聞社
- 新宅純二郎(1986)「技術革新にもとづく競争戦略の展開」『ダイヤモンド・ハーバード・ビジネス』June-July. pp81-93
- 新宅純二郎(1994)『日本企業の競争戦略』有斐閣
- 戸部良一・寺本義也・鎌田伸一・杉之尾孝生・野中郁次郎(1984)『失敗の本質』ダイヤモンド社
- 網島邦夫(1995)『成功の復讐』日経BP出版センター
- Tushman M. L. and O'Reilly Ⅲ C. A. (1996) The Ambidextrous Organization: Managing Evolutionary and Revolutionary Charge, *California Management Review*, Vol.38, No.4, Summer, pp.8-30
- 内田和成(2009)『異業種競争戦略』日本経済新聞出版社
- 内田和成(2015)『ゲーム・チェンジャーの競争戦略』日本経済新聞出版社
- Ward, J.L. and S.F. Stasch (1986) When are market leaders most likely to be attacked?, *The Journal of Consumer Marketing*, Vol.3 No.4, Fall, pp.41-48
- 山田英夫(1987)「マーケット・リーダーの危機」『ダイヤモンド・ハーバード・ビジネス』June-July, pp.49-59
- 山田英夫・水島温夫(1988)「事業領域を立体分析するDIの策定」『ダイヤモンド・ハーバード・ビジネス』Aug.-Sep., pp.53-62
- 山田英夫(1989)「機能に着目した事業領域の策定」『早稲田大学システム科学研究所紀要』、第21号, pp.267-280
- 山田英夫(1990)『ストラテジック・ジレンマ：成功神話は復讐する』講談社
- 山田英夫(1993)『競争優位の規格戦略』ダイヤモンド社
- 山田英夫・遠藤真(1998)『先発優位・後発優位の競争戦略』生産性出版
- 山田英夫(2008)『デファクト・スタンダードの競争戦略　第2版』白桃書房
- 山田英夫(2014)『異業種に学ぶビジネスモデル』日本経済新聞出版社
- 山田英夫(2015)『競争しない競争戦略』日本経済新聞出版社
- 山田英夫(2017)『成功企業に潜むビジネスモデルのルール』ダイヤモンド社
- Yoffie D.B. and M.Kwak, (2001) *Judo Strategy*, Harvard Business Publishing（藤井正嗣監訳(2004)『柔道ストラテジー』日本放送協会出版）
- 吉谷龍一(1981)『ワークデザイン技法』日刊工業新聞社

用語索引

企業名索引

【ナ行】

【ハ行】

【タ行】

【ワ行】

【英字】

【マ行】

【ヤ行】

【ラ行】

著者紹介

山田 英夫 （やまだ・ひでお）

1955年東京都生まれ。1981年慶應義塾大学大学院経営管理研究科（MBA）修了後、三菱総合研究所入社。大企業のコンサルティングに従事。1989年早大へ移籍。現在、早稲田大学大学院経営管理研究科（ビジネススクール）教授。学術博士（早大）。専門は競争戦略論。ビジネスモデル。アステラス製薬、ＮＥＣ、ふくおかフィナンシャルグループ、サントリーホールディングスの社外監査役・社外取締役を歴任。

〈主な著書〉

『ビジネス・フレームワークの落とし穴』光文社（2019）
『成功企業に潜むビジネスモデルのルール』ダイヤモンド社（2017）
『経営戦略：第3版』共著、有斐閣（2016）
『ビジネス版　悪魔の辞典』日本経済新聞出版社（2016）
『競争しない競争戦略』日本経済新聞出版社（2015）
『異業種に学ぶビジネスモデル』日本経済新聞出版社（2014）など多数。

逆転の競争戦略［第５版］
リーダー企業の強みを弱みに変える

1995年5月19日　第1版
2004年5月11日　第2版
2007年1月23日　第3版　第1刷
2013年9月30日　第3版　第4刷
2014年3月25日　第4版
2020年8月 5 日　第5版

著　　者　山田　英夫
発 行 者　髙松　克弘
編集担当　村上　直子
発 行 所　生産性出版

〒102-8643　東京都千代田区平河町2-13-12
日本生産性本部
電話03（3511）4034

印刷・製本／第一資料印刷株式会社

ISBN 978-4-8201-2104-6